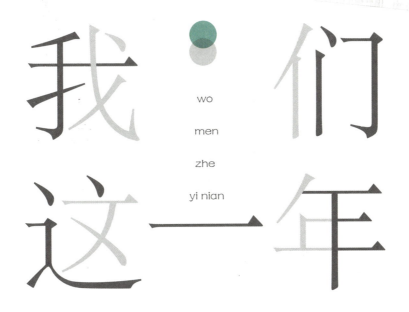

我们这一年

wo
men
zhe
yi nian

岢 岚 县 脱 贫 攻 坚 典 型 人 物 口 述 史

胡英泽 郭永平 著

山西出版传媒集团

山西人民出版社

图书在版编目（CIP）数据

我们这一年:岢岚县脱贫攻坚典型人物口述史/胡英泽，郭永平著.
— 太原 ： 山西人民出版社,2019.3

　　ISBN 978-7-203-10675-3

　　Ⅰ．①我… Ⅱ．①胡… ②…郭 Ⅲ．①扶贫－先进工作者－先进
事迹－岢岚县 Ⅳ．①K820.825.4

　　中国版本图书馆CIP数据核字(2018)第273072号

我们这一年:岢岚县脱贫攻坚典型人物口述史

著　　者：胡英泽　　郭永平
责任编辑：吕绘元
复　　审：刘小玲
终　　审：阎卫斌
装帧设计：张康宁　　尹志雷

出 版 者：山西出版传媒集团·山西人民出版社
地　　址：太原市建设南路 21 号
邮　　编：030012
发行营销：0351—4922220　4955996　4956039　4922127（传真）
天猫官网：https://sxrmcbs.tmall.com　电话：0351—4922159
E—mail：sxskcb@163.com　发行部
　　　　　sxskcb@126.com　总编室
网　　址：www.sxskcb.com

经 销 者：山西出版传媒集团·山西人民出版社
承 印 厂：山西省教育学院印刷厂

开　　本：787mm×1092mm　　　1/16
印　　张：17.25
字　　数：186 千字
印　　数：1—10 000 册
版　　次：2019 年 3 月　第 1 版
印　　次：2019 年 3 月　第 1 次印刷
书　　号：ISBN 978-7-203-10675-3
定　　价：38.00 元

这一年，我们始终奋斗着

岢岚，晋西北一个只有八万多人口的小县，地上缺资源，地下无矿藏。世世代代生活在此的淳朴厚道的岢岚人民，用自己的双手在这片土地上建设家园、创造幸福、守护梦想，书写着和这片土地有关的历史。尽管历经沧桑，但也发生着翻天覆地的喜人变化。1948年4月4日，毛主席率中共中央部分领导同志转战西柏坡途中，路居岢岚，留下了"岢岚是个好地方"的深情赞誉。毛主席的这句话，给了岢岚人民长久的温暖，成为这片土地既愿意珍藏在心底，也愿意讲给外人的故事。

时隔半个多世纪后，2017年6月21日，岢岚正值一年中最美丽的时候，习近平总书记来到深度贫困村赵家洼村和易地搬迁集中安置点宋家沟村，深入贫困户家里了解贫困户的生产、生活情况，向全国人民发出了"请乡亲们同党中央一起，撸起袖子加油干"的号召。习近平总书记亲切的关怀，激发了岢岚干部群众脱贫致富的动力；习近平总书记温暖的话语，坚定了岢岚干部群众脱贫摘帽的信心和决心。久旱逢甘雨，久贫思致富。那天的一场小雨，洒落在习近平总书记走过的乡间小路上，滋润着岢岚这块贫瘠而热情的土地。习近平总书记来到岢岚考察，就像一场救旱的及时雨，给当地干部群众以莫大的精神鼓舞和激励！

2017年6月23日，习近平总书记在山西太原主持召开深度贫困地区脱贫攻坚座谈会并发表重要讲话时，肯定了忻州市通过整村搬迁解决深度贫困的办法。一年来，带着习近平总书记的殷切期望和贫困群众的热切期盼，岢岚县以脱贫攻坚统揽经济社会发展全局，把脱贫攻坚作为头等大事和第一民生工程，精准识贫，精准扶贫，精准脱贫，下足"绣花"功夫，全面推进脱贫攻坚各项工作，尤其是把整村搬迁作为脱贫攻坚战役中硬仗中的硬仗，凝聚全县力量，尽锐出战，奋力而为，取得丰硕成果：截至2018年6月，全县通过奖补激励建起396人的脱贫带头人队伍，动员23户企业参与扶贫；整合各类资金3.98亿元，实施扶贫项目166个，发放扶贫小额贷款1.385亿元；115个整自然村搬出大山，形成县城、中心集镇、中心村"1+8+N"的城乡融合发展格局；安置1083户3099人；完成销号53个村；土地复垦104个村1815亩；对搬迁村的耕地、林地、宅基地进行打包开发；出台特色农业种植、特色养殖、中药材种植、特色经济林补贴办法，大力发展羊、豆、马铃薯、沙棘、食用菌、生猪农牧产业，推进中药材、光伏、乡村旅游新型产业，农民人均可支配收入达到6476元，实现40个贫困村退出，8336名贫困人口脱贫，贫困发生率下降至8.8%……

"天翻地覆慨而慷"，实现伟大梦想，必须进行伟大斗争，必须建设伟大工程，必须推进伟大事业。我们有必要记录这个伟大的时代，有必要保存脱贫攻坚的历史记忆。

口述史是20世纪中叶逐步形成的一个新史学流派，相对而言，注重普通百姓特别是最基层人民对历史事件的阐述。口述史学是一种史学研究的新方法，承担着为民众提供精神滋养的重要使命。本书收录的28位主人公的口述史，他们有的是脱贫攻坚第一线的乡村干部，有的是摆脱贫困的普通百姓。倾听、整理、记录他们个人故事的，是山西大学中国社会史研究中心的胡英泽教授、郭永平副教授和8位研究生。为了让这部口述史尽可能真实地反映受访者的亲身经历，他们不辞劳苦，深入乡村，本着对历史的敬畏，用倾听的力量去唤醒受访者的记忆，激发他们讲述的欲望；他们多方求证，反复聆听，力求在保证受访者原汁原味讲述的基础上撰稿成文。

一方水土一方人，一样米养百样人。当这一个个鲜活的、洋溢着阳光和泥土味儿的岢岚人站在我们面前时，让我们把最诚挚的感谢送给山西大学中国社会史研究中心的师生。是他们的倾听和记录，让我们认识了这样一群岢岚人。他们，在习近平总书记考察之后，满怀信心，迈着坚定的步伐，走在脱贫困奔小康的道路上；他们，在习近平总书记考察之后，精神昂扬，夜以继日地奋斗，迈向美好生活的进程中。从他们感人的个人经历和丰富的内心世界中，可以触摸到孕育了他们这片土地的激情脉动。

希望借助这些文字，读者可以感受到这一年来真实的、始终奋斗着的岢岚，感受到这片土地在脱贫攻坚过程中所发生的由内而外的巨大变化。当我们以倾听的姿态，找回对历史和这个时代的敬意时，我们有理由相信，这部口述史必将成为岢岚人的集体记忆，成为岢岚人留给未来的丰厚馈赠。作为岢岚历史上第一部平民史，这部口述史也必将载入岢岚的史册。

目录

目录

我们见到了总书记

请总书记放心

　　刘福有，68 岁，出生于 1950 年。2017 年 6 月 21 日，习近平总书记来到赵家洼考察扶贫工作时，走访的第一户就是刘福有家。刘福有说："这一辈子还能在底下（村里）见到总书记，真个想也不敢想。"在刘福有家，习近平总书记与他亲切交谈，问收入，看台账，拉家常。当年 9 月，刘福有搬迁到县城广惠园小区的新房里，新房的墙上挂着习近平总书记坐在床边与他拉家常的照片。

　　那天后晌不到 4 点，当时我和老伴儿在门口上，看到总书记来了，我老伴儿激动地说："啊呀，总书记来了！"我和老伴儿赶紧把总书记迎回家。我老伴儿拉住了总书记的手，总书记问："这是你们的家？"一边说着一边往家里走，边走边问："你们家里有几口人？"村支书马玉印替我回答了，说是有三口人。回了家以后，第一个见的是我母亲。我老母亲 92 岁了，眼花耳背，坐在轮椅上，还站不起来，不知道总书记是谁。我就对老母亲说这是总书记，她当时没听真。我又给重说了一回，她还看我了。

刘福有与老伴儿杨娥子

我一想，这是听不懂。后来，我对母亲说："就和毛主席那会儿一样。"这下她听懂了，才说："你也好哇！"

坐下来以后，总书记问长问短，我一开始心里有些紧张。首先，我担心总书记听不懂我的话，再一个不知道该咋说。没想到总书记就是和我拉家常。后来，我老两口和总书记过个（过个：来到）简陋床边坐下。

总书记问我，家里还有多少地，谁种？我说还有几十亩地，就我两口子种。总书记又问，现在你们还能种得动？我说也是紧得种。他又问，是山上的地？我说是河滩上的地。总书记又问，都种些甚？我说，今年种了些黑豆、谷子、土豆。总书记问，这些是吃了还是卖了？我说有些吃了，有些卖了。他一句，我一句，说的净是些家常话，感觉总书记对咱村里人很了解，我一下子就不紧张了。

　　总书记问我和老伴儿有几个儿女，儿女都孝顺吗？我老伴儿告诉总书记，有四个女一个儿，都孝顺了。他们也都是些打工的，没培养出来个才俊（才俊：人才）。过年、过时节都给我买吃的，给他大（大：父亲）买烟、买酒，还有买药、买衣裳。打工挣不多，各家也有各家的担子。总书记说，国家政策帮扶，养儿防老，孩子也应该好好孝顺你们了。总书记可关心咱这些穷人了，关心的都是咱庄户人的家务事，听着就亲切。

　　后头问扶贫的事，我说有《扶贫手册》了，就给总书记看《扶贫手册》。总书记看完了说，这个《扶贫手册》记得非常细致，非常好。问我是谁做的，我回答说是县人大给办理的。看过《扶贫手册》后，知道我收入多少、补贴我多少钱了。总书记问我："这钱净是做了甚了，甚上花了？"我说收入就这么多，开支也不少，我们三个人，一人一个药袋袋，人人都吃药哩。老伴儿是慢性关节炎，长时间腿疼。我呢是腰椎间盘突出，也有关节炎。我母亲毕竟年龄大了，她的毛病更多了，也需要吃好多药。

　　总书记问帮扶我的人是哪的。我告诉总书记，是县人大的。总书记平易近人，越说我也就越放松了。我心里盘算着，人家总书记这么忙还来这，到了家里，和咱坐在一起，问这问那拉家常，没想到，真的感觉特别高兴。问长问短，问东问西，反正对我教育特别大。

　　后来，总书记又问县委王志东书记，让他说说我这个贫困的情况。王书记告给说主要是"三保障"的问题，准备整村搬迁。这里生产、生活条件差，主要收入靠种地。总书记又问，有没有别的收入？省委骆书记、市委李书记说，还有些退耕还林补助，地里也有一些收入。总书记又问县委王书记搬迁的事，王书记告诉总书记集中搬迁的一些情况。

总书记就问："你们愿意去吗？"我说愿意。总书记又问："愿意去啊，那你觉得去了比这里有啥好处？"我对总书记说，一个呢，看病或者买些零碎吃的比较方便。再一个，我岁数也比较大了，行走也不方便，如果我有能力的话，还可以搞点清洁或者其他的。

总书记这时候说："咱们国家以人民为中心的发展，现在是体现了，特别是对这些最穷的、最贫困的，我们是扶危济困，这就是社会主义的优越性，集中力量办大事。你们觉得共产党办得这些事还好吧？"

我连连说："好！好！好！都是最好的！"

总书记还说，做就要做到点子上，这就是精准，还有就是这中间的钱不能搞别的去了，不能挪用了。

总书记还和我说了一些生活上的事。我说种了点黑豆，总书记问，黑豆你咋个处理了？我说除过饲料，我自己就是换的吃豆腐哇。总书记问，你们可以把黑豆压扁和小米一起煮着吃，陕西那面就吃钱钱饭。我说，第一是没时间，因为这里地多劳力少，忙得顾不上，再就是岢岚没这个习惯。

总书记走的时候，拉着我母亲的手，我母亲说："总书记，再来，再来。"总书记对她说："再来，再来，健康长寿！"

总书记出了家门，来到院子里，看了我的牛、鸡。我老伴儿问总书记："总书记住过陕西那里？"总书记说："你知道我住过，是吧？我住在黄河那边。"我老伴儿说："在电视上见过。"

总书记问我："你感觉房好啊还是窑洞好？"当时，我说房好，他又问我因为甚。我说因为我这窑洞是沙土，这个不一定牢（固）；如果是胶泥土，这就牢（固）。他说："我住在黄河那面的，我那儿就是住的窑洞，那儿的窑洞土质好，我那是胶泥窑，那时候住的窑洞 100 年的都有。"

临走的时候，总书记说："希望你们生活越过越好，越过越红火！"

总书记离开赵家洼的时候，我们全村欢送的。他离开后，虽然我们还是要各干各的营生，但那不一样了，特别高兴，干得有劲了。离开以后我们也是说了，没想到，总书记还能来咱这山沟里头，咱这是想也想不到的，因为咱是个普普通通的农民么。人们平时坐下你一言我一语这么议论。

儿女们看电视知道了总书记来看我，闺女就把总书记到我们村的相片都洗下了，一家一疙瘩（疙瘩：张）。我们那儿儿女女，我们还没给他们打电话，他们就都看见了，都挺高兴的。真是想不到，梦不见，总书记会来我们这山沟里头，看望我们。

咱岢岚县气候苦寒，农业耕作条件差。多山，地广人稀，又是一个养穷人的地方，俗话说得好："刨个窝窝，吃个馍馍。"过去，岢岚人多数是由山西静乐、宁武、保德、兴县、岚县等外县迁移而来，我的祖上就是从保德迁来的。

赵家洼位于岚漪河南岸的山沟，沟里有几个村庄，沟口是宋木沟，进去以后是赵家洼，最里面是骆驼场。我记得，最开始是单干，后来就弄成了互助组、合作社、生产大队。原来我们那是五个村：宋木沟、赵二坡，还有后头那三个村子。这五个村是一个大队，最后又分开了。

我父母就生了我一个，没有兄弟姐妹。我儿子现在和儿媳在陕西神木打工。儿子娶了媳妇的第二年，我们就和儿子分家了，分开各过各的，也就是说，经济上，相对来说就分开了。老母亲人老了，就像机器一样，不行了，到处是病，长期吃药，主要得靠我照料。

我20岁时和老伴儿结的婚。我老伴儿是西川中寨乡坝湾的，离赵家洼有20里路，撤乡并镇后并回阳坪来了。虽然赵家洼的地不好，但是赵家洼的人辛苦，人们也团结。这个种的粮呀、食呀，相对是要多。我这个年龄的，50—60岁的，那时候说媳妇过来都说这个村子好。

我记得赵家洼原来在半山上，不在下面的河滩上，后来才搬迁下来的。因为那时候场面（场面：碾晒粮食的场地）在半山上，过去不是弄木料费劲，那里能靠住崖掏窑，场面就在那山半截（山半截：半山腰），人也在那个半山上住的嘞。集体化时，吃水、背庄稼、打粮等各方面，每天上下坡人们受不了。为了方便，人们就陆续地下来了，也就是说，你家盖一间哩，他家盖两间，就慢慢儿搬下来。

前些年，村里有不少人搬到县城了。有些人在县城买了房，一方面，叫娃娃们念书；另一方面，大人们在农闲的时候打工。

2017年9月22日，我搬到县城广惠园。在广惠园，我们村5号楼5单元有2户，3单元有1户，7号楼上有1户。另1户，还在县城那上面。每户的政策不一样，精准扶贫贫困户移民，国家一人给补的是25000元，同步搬迁户是12000元。咱这是三口，国家给补的是75000元。这个房1平方米是一千四五，75平方米，

刘福有的旧房子

刘福有的新居

我又出了点钱，也不多，就住上这房了。

　　搬进新楼以后，水、电、暖都好。冬天回来，家里褂子也不用穿。黑夜盖的也是，有一片片就行了。过去，我在家里盖的两床被子，家里冻得不行。

　　我们搬走以后，老院子的房子就拆了。房子推倒以后，地方推平了，种上了松树、药材，就是复垦了。

　　在村里种地，年景好、风调雨顺情况下，能长（长：长余、富余）个第二年的化肥钱。要是年头稍微则楞（则楞：不好）一下，这就是闹个平衡，再不好了就是个倒贴。至于辛苦，根本不能算钱。

种了一辈子地，突然进了县城，以后还种不种地？我现在还没思量了。不想种了，种不成了，跑不动。要是不种了，这土地咋弄呀？乡里头给弄的流转，倒是和我初步定了一下，问我流转不。我说流转呀，我跑不行了。

搬进城后，我开始做保洁工作。慢慢也习惯了，那营生也不苦重，早上一回，下午一回。每月给的 1050 元，一天 35 块钱。

我进了城，比在村里好，我的亲友都在这城里头哩，走亲戚也方便。我的姑、舅、姨们都在县城里。我们那些小舅子们，也都在方邻近，一打个电话，就都过来了。

搬迁后，我的户口也迁到了县城的北道坡。

县人大就包的我们村，我们村第一书记是陈福庆。装潢都是县人大主任帮助给办理的，这都是人家帮助我了，不知道咋才能感谢人家。总的来说，党对我们太好了，不知道咋感谢，不知道用甚语言来感谢总书记了。人对我再没说了，我不知道要甚了，用甚语言来表达这个好来。

除了工资，我的低保、养老，还有其他的，都在这个牌牌上了。

退耕还林地是 13 亩，每亩地补偿的是 1500 元，5 年给清。去年 1 亩地补助的是 500 元，13 亩地收入 6500 元；农资补贴是 44 亩；还有爱心煤，1 户是 200 元；高龄老人生活补贴，1 户是 720 元；养老保险 3 个人，低保 3 个人；另外还有光伏扶贫的3000 元。这些加起来就是 35000 多元。

总书记来过以后，有好多人到家里边。最初那几天，家里、门上、院子里都是人。搬到县城广惠园这里，也是基本上每天有人来。甚也问了，新旧家的对比、你进来感觉到咋样、你的生活比以前有甚改变，主要就这么些。

冬天，一天工作八个小时。到了夏天，也得黑了，6点多7点收工。现在，天暖和了，6点30分，我就出去扫了，数白天苦轻了。早晨不扫，白天人多了，车也多了，你才出去扫，容易出事故。

县领导可关心我了，赶一来了就问我，你习惯不习惯？大冬天，县委王书记来了问我，你穿的暖不暖？防止冻着。人家经常来看我。还有人大的，就是刚来的这个陈书记，也是可关心我了，每天和我联系。有一天他见不到我了，就总要给我打电话了。还有县人大主任贾玉春，有时候忙得不行，顾不上来，就打电话问我，你冷不，你穿上了吗？反正是问寒问暖哇，还提醒我住上楼了要小心，用电、用暖、用气都要注意安全。反正人家们对我，我不知咋说，用甚语言才能感谢党对我的这一份恩情。唉，咱文化不高，心里想的嘴上说不出来。

县医院、乡医院，人家经常来了，来了就给你把身体检查了。检查以后，还要给你把药带上。卫生部的领导给我带的药，带着烤腿的那个机器，只要插上电就能烤腿，就舒服了。

我也没甚要求的，没想法了。能做啥我就做些啥，反正是尽我的本事。因为咱年龄大了，有些理想也没理想了。就是给你个其他事干，你也干不了。实际是说，咱搞这么一个清洁卫生的工作，减轻些贫困哇。现在，都在脱贫致富，咱致不了富，也不要尽管（尽管：一直）地拖累国家就行了。因为国家又不是养活着咱一个人，人多了，成千上万的人。我觉见现在管行了，请总书记放心。

我普普通通一个老百姓，总书记对我这么关心，我这心里觉见挺过意不去的，我不知道该怎么感谢党，感谢总书记。党和国家对我这么好，我也得晓得个好赖哇。咱这一把扫帚，也要扫出他个干净整洁的岢岚来。我还念想着总书记有机会再来，看看赵家洼乡亲搬迁后过上的新生活。

我现在心里很踏实

曹六仁，61 岁，出生于 1957 年。他家因学致贫，习近平总书记来到赵家洼，走访的第二户就是曹六仁家。2017—2018 年，曹六仁的生活发生了很大变化。曹六仁说："这一年来，我的一个变化就是心里头现在很踏实。"

我家兄妹七个，我排行老六。我念书那时候，一直条件就不好，全年只要一块钱，但是一块钱都交不上去，所以四年级念了个上册，下册都没念，中途就辍学了。后来在村里一直就是种地，原先村里的地挺多的，后来退耕还林，现在剩下十六七亩梁地了，平地还有十亩。我一年种地收入也就是八千来块，除了化肥、种子，也就是剩个五千来块。

我有四个孩子，三个男孩一个女孩。大儿子和三儿子念书那时候，少也一年得一万二三。我的信念就是不倒，只要他们念，我就要供他们，哪怕是东墙石头垛西墙上也要供。要不是我这个人有信念，换一个家庭，绝对是不供了。大儿子和三儿子念了个中专，小闺女遇上好政策，有教育帮扶，才上了大学。二儿子，

曹六仁的旧房子　　　　曹六仁的新居

我中途实在供不起，早早就回了村里头参加了劳动，我心上总有一种愧疚。有一年征兵任务下来就让他去当兵了，当兵回来后一直打工。咱们那个时候村里有学校，条件不好；进城里头找好条件的学校，花费又大。小闺女小学在村里，上了初中就到了县城里头。这个小闺女我们陪读，陪着她上了大学。

总的来说，我的贫困原因就是供娃娃们上学供的。

总书记视察岢岚，来到赵家洼，第一家到的刘福有家。我和刘福有家挨着，总书记从那面台阶上来，我们一下子就认出来啦，因为电视上常见呢。先到刘福有家坐了二十来分钟，后来到了我家。我迎回大门，总书记进了大门一下就发现了这个破房子，问我这个房子是谁家的，房主人叫个甚。我说那是杨巨才家的房子，去年下大雨塌了，他搬到了保德，也有个十来年了。

回了我家里，总书记就坐在我那个炕上。他一看，说你这房就算两间啊？接着就问的我，一年咋个生活法。我说我是个农民，以地为生。他又问我收入情况，我说种的粮，除了吃的以外，全都卖了。总书记问，你生活得好吗？我说好，现在有党的好政策，有党照顾、关怀，给送米、送面，还给送铺盖，过年还给送猪肉，老百姓也过得挺幸福。总书记说，党和政府就是为老百姓服务的，让大家越过越好是我们的职责。

总书记一下子就发现了我那个地，我盖起这个房四十多年了，地面是土地，经过多年，越扫越深了。我看见也不行了，离不了这个地方得想个办法。这不是有工队上运过来的砖，剩下不用的，我就把那拉了回去，自己铺了一半。总书记问我，为什么你这个地面铺了一半那一半就不铺了？我笑着说："铺的中途把无名指给摔断了，后来做了甲状腺手术也没顾上，遇到今年实行搬迁，也就不铺它了。"

后来又问起，有几个孩子，孩子们做甚呢。我说三个小子一个闺女。大小子中专毕业以后，在榆林打工；二的当兵回来在天津也是打工；三的太原中专毕了业以后，也是在北京打工。现在小闺女在天津上学，两个儿子都成家了。总书记说，老百姓也确实不容易，供孩子们念书，将来孩子们也是一种发展。总书记问家里主要有什么收入。我说主要靠种地，还有退耕还林，今年还有光伏发电、"五位一体"金融扶贫这些。

总书记可关心老百姓的生活情况了，揭起锅看吃的甚。看到柜子上放的沙棘饮料箱子，就问我这个是甚。我说就是咱们岢岚山上沙棘做的饮料。总书记看到柜子上有一个"光荣之家"的牌子，问我这是怎么来的。我说二小子参过军，国家给发的。总书记还看了看咱们家里头建档立卡的明白卡。到了院里，问我说那个平车是做甚的。我们村支书说拉粪的，种地用。总书记还去鸡窝旁看了看鸡，还看了山药（山药：土豆）窖。见了总书记，就和见了咱们的亲人一样。总书记平易近人，我在他跟前没有一点点拘束。总书记离开的时候，和村里的人一一握了手。

孩子们知道总书记来了的消息，都挺高兴。他们说你梦见甚梦了。我说这个梦可梦不见，给上二十辈子哇能梦见咧？现在主要是党的好政策，总书记想尽一切办法让全国人民过上好日子。

村里的旧房子是我21岁时盖的。那时我还没有结婚，盖房子的木料是在中寨乡买的，雇的骡子驮过来。中寨离这里有20里，驮了好几天。那个时候条件不好，打地基的每一块石头，都是我从河滩一块一块背回来的，最后盖了一间半。所以拆这个房子的时候，我真是留恋不舍。挖掘机一往下放的时候，我的心情还是很复杂。但是，习总书记对人民真关怀，给了我们这么大的幸福。我们村全部搬迁了，刘福有在5号楼，我在7号楼，广惠园小区搬进来很多和我们一样的人。

搬进来的第三天，县玻棉厂接收我当上了工人，就开始上班了。乡里和驻村工作队也出了不少力，这也就是既叫咱们搬得出去，也叫咱们稳得住。厂里领导对我很关心，我的工作是在食堂里头清洁卫生，吃饭的时候摆摆桌椅，工作很轻松。厂里每月发给2800块，我从心里感激他们。

村里旧房拆迁时，政府给了补偿，能居住的房子是1平方米200块钱，不能居住的是1平方米120块钱，像鸡窝、猪圈、厕所类似的这种，每一项都是给300块钱，院落是1平方米8块钱。新盖的楼房政府是1个人补贴25000元，我家4口人补了10万元，这个楼房的总价值是12万多元。我村里旧房拆了补偿的钱加上10万块钱，住新楼房富富有余。搬完以后，宅基地全部复垦，栽

曹六仁拿到了与企业签订的合同书

上了树，种上了药材。

我生活上变化大了，相片上那是以前的旧房子。现在住的是宽敞的新楼房，窗明几净，宽敞舒适，感觉已经很幸福了。国家实行精准扶贫、易地搬迁，我们赶上了党的好政策。去年9月22日也就是农历八月初三，我们搬到了广惠园小区。这个日子是我们自己选的，选三六九图个吉利。这样，我们也就走出大山洼，搬出了那个穷窝。这是我人生一个脱胎换骨的转变过程，我一辈子也忘不了。

这一年来，我的一个变化就是心里头很踏实。过去买东西很不方便，回阳坪乡买些需要的东西，它也没有，到县城隔着二十多里呢。住到城里以后，居住条件有了很大的变化。原来村里是土坯房，地面是土的，讲究一些的人家也就是铺个砖，最好就是水泥地；新楼房里贴上地板砖，干干净净的挺好。厨房用上了自来水、电磁炉、油烟机，卫生间用上了电热水器，有淋浴，还有抽水马桶。做饭是最好的条件了哇，把插头一往上插就开始做饭了，再也不用劈柴担水了。县领导经常来，他们都是牵挂咱们的。来了以后，他们看我们有甚不懂的地方，看我们会不会用煤气，会不会用电，提醒我们注意安全，县上王志东书记教了我们好几回。

我妻子智力上不去，体力又不行，视力特别差，享受低保好几年了，还享受残疾救助，国家对咱的帮助挺周全的。政府给老百姓办的每一件事情都办得踏踏实实，我们这些受苦人，都实实在在感受到了党的温暖。

我虽然文化低，但过年的时候还是写了一段话："党中央实行了精准扶贫，易地搬迁走出山沟，至2017年的八月初三迁居于广惠园小区，住上新楼房，在鲜明的对比下，脱胎换骨改变了人生，确保了搬得出去而且能稳得住，心上有一种放心感，感谢党的好政策，感谢习总书记对人民的真关怀，为老百姓谋幸福。"我们都是说的实心话。

感谢党的好政策

王三女，69 岁，出生于 1949 年。她家因病、因残致贫，还没有劳力，是赵家洼贫困户中最穷的，习近平总书记在赵家洼看望的第三户就是王三女家。如今的王三女居住在县城广惠园，她说："我感谢党的好政策！"

我娘家是阳坪乡中寨村的，离赵家洼 20 来里，挺远的。我 26 岁的时候就嫁到了赵家洼，这一晃也就 40 多年了。我出嫁的时候是 1974 年，男方家就给了一套铺盖，我穿了一身衣裳（男方家给女方做了一身新衣服），其他就没什么了。

我家有五十多亩梁地，这是老汉、儿子和我三个人的地。梁地多，但是产量不大；平地产量大一些，但是只有一亩多平地，种些糜、麻、五谷、玉菱子等杂粮。老汉死了十年了，那个时候我也五十大几了。儿子说："妈，我打工，养你，梁地不要种了。你就把那平地少种一些，家里够吃就行了。"他一年打工也就挣个三四万块钱。自老汉死了，我也再没种梁地：一是种不动了，种梁地太费苦；二是梁地长得也不好，收不下多少，我就只种平

王三女的旧房子

地了。

　　前几年,儿子在保德桥头煤矿上做临时工。四年前,他肺上出现了问题,满满病了一年,肺癌又转成骨癌,到医院也没治好,就死了。他属猪,活着今年就 48 岁了。儿子死了,娶的媳妇也是智障,自己执掌不了自己。现在儿子没了,她回娘家去了。

　　那天下午总书记先到了刘福有、曹六仁家,最后到了我家。我在大门口迎的,见总书记来了,我高兴地说:"总书记好!"总书记问:"这是你家?"我一边把总书记往家里引,一边对总书记说:"嗯,这是我家。慢点,你辛苦了!你太辛苦了!"总书记来到屋里后说:"这是家里,你坐,你叫什么名字?"我告给总书记说："我叫王三女。"总书记问我："你今年多大年纪了？"我说："68（岁）了。"

总书记说："你算我的一个大姐了，我 64（岁）了，比你小 4（岁）。"总书记把我看成他的一个大姐，一个亲人。我老伴儿不在了，儿子不在了，孙子又有病，亲人都没有了，听总书记这么一说，我这心里真是感动啊！我对总书记说："我见你感动的，（你）看我来，好哇！"总书记问："你的老伴儿呢？"我说："老伴儿去世 9 年了。"总书记接着问："现在就是你带着两个孙子？"我说："就我带两个孙子。"

总书记又问："他们现在多大了？"我说："一个 13 岁，一个 14 岁。"总书记继续问："现在在上学？"马玉印在旁边回答说："在忻州特殊教育学校寄宿。"

市委书记李俊明告给总书记："县里没有特殊学校，在市爱心特教学校。"总书记又问，像这种娃娃还有什么待遇吗？马玉印说，还有孤儿补助。总书记又问他，那一年多少钱？马玉印说，两个娃娃一年两万来块钱。总书记问得可仔细了。

说着说着，总书记看到了墙上的相片，就走过来看相片。我指着相片里的人告给总书记说，这是大孙子，在学校吃饭哩。总书记问："他们平常什么时候回来呢？"我说："他们放假回来，不放假不回来。"总书记问："就是寒暑假，平常周末不回来？"我告给总书记："平常不回来，他们住得远了，回来我还得送他们哩。"你一言，我一语，说着说着，我觉得总书记就和亲人一样。我就说："电视上看见的就是你。"总书记笑着说："还像吧？"我也笑着说："像！"总书记又问我："那里边像，还是这个像？"

我笑着说："看着一样样的。"总书记走到了外间，看到家里放的白面、大米，就指着白面、大米问我："这是你自己买的？"我说："国家给我送的。"总书记一边说，一边往外走。我招呼总书记说："走呀？"总书记对我说："身体健康，将来的生活过得越来越好。"我说："谢谢你啊！"总书记说："有什么困难，跟驻村干部、村支书说，他们也都关心你。"我说："（他们）关心了。"

总书记说："好，再见！"我对总书记说："再见，慢走啊！"总书记在我家里坐了有六七分钟，离开的时候叫我保重身体，有困难找干部，真是关心咱这些穷苦人。

总书记离开后，很多记者来采访我，他们问我见到总书记时的心情。我说，以前是在电视上见，这是实实在在地见到了。能见到总书记心情可是太高兴了。赵家洼是个贫困的小山村，村里没有人会想到总书记来，更没有人想到总书记在赵家洼能够待那么长时间。总书记去的时候，赵家洼还是个住处难、交通难、就业难、种地难、吃水难、娶妻难的地方，现在这6个难处都解决了。退耕还林，1亩地就给了1500元，我退了20亩，就给了30000块钱。

十多年前，村里的学校撤了。为了孩子们上学方便，村里很多年轻人就搬到了阳坪乡，也有的就到了县城居住。不过，这些人大多户口还是在村里。进城住，首先考虑的是房子，城里买房子贵。另外，在城里开销也大。就说杨旺财吧，他前年在城里买了房子，也就是百十平方米，就花了二十多万。要不是国家给搬迁，俺可想都不敢想能在城里住。

赵家洼扶贫搬迁的时候，完全实行自愿，可以到阳坪乡，也可以到城关岚漪镇北道坡（县城广惠园小区所在地）。我在广惠园住，户口就开到了北道坡。移民搬迁，根据村民意愿，去哪的都有。

村里很多人搬迁到了阳坪乡居住，我的想法和他们不一样。我当时寻思，我要么不搬，要搬就要进城。进城做甚也方便，就说输个液吧，直接就可以去医院，或者也可以叫医生来。再者，在城里吃水方便。以前在村里，吃水就靠那口井，你得拿上绳子挽在桶上，把桶放到井里提水，可是费力气了。把水提上来，你还得担回去。如果单单说路程，家里离井也不远，可是赵家洼路不平，村子在半山腰，井在山下，不爬坡不行。我担上一担水走回去也得十几分钟。老了，一次担不回去，在中间我还得歇两回。除了担水外，我还得劈柴、种地，啥也做了，可是受苦了。后来，驻村工作队的干部来了，他们就帮我种地了、担水了。

8月份，村里的扶贫工作队带着我进城去看房子，最后就定下这里了。我家3口人，国家补的是75000元，连上我家里旧房子补偿，按照长退短补的原则，我不仅住了这新房子，我还存了24450元。我们这些贫困户，县里还给统一装修。家里的灶具、油烟机、沙发、柜子、床都是工作队给准备的。工作队还给了两条被子、一块毛毯，真正是拎包即住。听说，这些本地企业扶贫捐助的我，我心里也很感谢他们。我只把家里值钱的缝纫机和冰箱搬来了，不值钱的东西就都没带到城里。以前在村里的时候，我睡的是土炕，现在睡的是木床，慢慢习惯了。

在城里，你就得有固定收入，没收入可不敢进城。在村里的时候，做饭是柴火，煤气、电锅子我不会用。做饭的时候，我出去揪上一把柴，回来熬上一些菜，一个人的饭就做下了。到了城里，以用电为主，家里倒是有煤气罐。这煤气罐不是管道煤气，没气了你就得买气，而且换罐挺麻烦的。所以，我一般都用电做饭。没电了，实在不行，才会用（煤）气。不过，这个电锅子没电也会吃不上饭。我这来城里时间不长，交电费也不会。前些日子，家里就停电了，我也不知道该咋办，就给工作队打电话，最后工作队的陈书记给我交了100元。交费后，还是没电。陈书记说，估计是跳闸了。他叫电业局的工作人员给拨弄了一下，这才有电了。唉，这城里和村里不一样，像交电费呀这些，我得慢慢学，才能适应。

去年以来，不仅退耕还林，还有光伏扶贫，这加起来，我的收入就有40000多元，日子就好过了。有点钱了，我才把饥荒（饥荒：外债）给人家打清了。饥荒是前些年儿子住医院摊下的，他去世了，当时我没钱，就给搁下了。现在有钱了，我得给人家打饥荒。我现在不欠饥荒了，还有3000多块钱的长余，今年够我半年花了。我还有低保、养老保险金，根本花不完。4月1号，我还要出去扫街去呢。清洁工一个月还能挣1050元。总之，我有退耕还林钱、低保钱、养老保险钱，还有清洁工固定的收入，我的生活完全有了保障。

自从搬到城里来后，生活方便多了。买东西，门口就有卖的；坐车，县城就有公交车。尤其是看病太方便了。我这高血压也二十多年了，得天天吃药。阳坪乡医院的院长专门给我送药。院长是个好后生，每周来一次，还给我量血压，检查身体。前天医院给我又把药送过来了，我这连药都不用自己出去买了。咱县里对我们贫困户可真不赖。

城里不像村里，住到城里后，人们之间走动得少了。以前在村里，做一顿零碎营生，出去地里跑一阵，就一天了；现在住到广惠园，赵家洼的有五家，我没事的时候就去这几家串门。刘福有家住 2 楼，张秀清家住 3 楼，我住的是 1 楼，都住得不高。我当时怕以后老了上不去楼，就要了个 1 楼。

新房子住起来很舒服，我这个房子是一室一厅的，共 50 平方米。去年 8 月，工作队开着车，我坐着，到城里看楼，当时我就相中了 50 平方米的。我最担心的还是两个孩子，现在，我的两个孙子在忻州特殊教育学校上学，费用是国家给负担的，今年还办理了孤儿手续，享受孤儿福利待遇。孩子们在学校一个月需要 400 块钱的生活费，有民政局给的孤儿福利待遇这些钱，孩子们的费用就有着落了。另外，学校还把两个孩子一个月 800 块钱的住宿费免了。孩子们去年在学校待了 7 个月，今年刚开学，才走了 20 来天。

这一年来，我们的生活发生了很大的变化。住楼房可比我那家强 10 倍，我那烂房子，盖下 50 多年了，都快倒了。他们都说，自从住到楼房里后，我比以前年轻多了。

我真没想到总书记能来赵家洼，全村人也都没想到总书记会来。你说，总书记那么忙，全国呢，又不是光咱这里。人家能顾上来？

搬下来大半年了，一开始来了不习惯，大多人不认识。我也不敢出去，就在家里看电视。在村里的时候，信号不好。看电视靠的是锅盖接收信号，这锅盖信号有很多问题，首先是信号不稳定，再就是看不上岢岚台、忻州台。现在进了城，不仅岢岚台、忻州台、山西台、中央台，还有各省的台都有，现在是啥也看上了。我原来那个旧的电视不能演了，进城后自己买了个新电视。新电视是海信牌的，32寸，虽说有点小，但是便宜。

慢慢地认识的人多了，没事的时候在小区院子里走走，和认识的人坐下聊天，有时候还耍扑克，我觉得在这里住着挺好的。另外，从赵家洼搬下来的人都有了联系，我也就慢慢地不孤单了。现在，我可真不想回赵家洼了。

我感谢党的好政策！你看，党照顾得我挺好的，让我住进了新房子，家里的东西也很齐全。我希望总书记有时间再来看看我，看看我的新房子，看看我的家！

我和共产党一条路、一条心

　　张贵明，80 岁，出生于 1938 年，1970 年加入中国共产党。习近平总书记来到宋家沟新村，走进张贵明家，看望了这个易地扶贫搬迁户。如今的张贵明说："我是老党员，又是党的好政策让我们从穷山沟搬出来，住上新房，过上好生活。我和共产党一条路、一条心，我和共产党心连心！"

　　我祖籍是宁武新堡乡王家沟的，这不，我现在还说的是宁武话么。王家沟是个小山沟沟，小村村，人多地少，而岢岚这个地方，人少地多，能多打点粮食，我爷爷就带上我父亲搬到了岢岚来。从我爷爷那会儿我们就定居岢岚了。我爷爷搬到岢岚县宋家沟乡长崖子村，养了四个孩子。

　　我是在岢岚出生的，我和我老伴儿养了四个孩子，两个女子两个儿子，他们也都成了家，我那大外孙都二三十岁了。

　　我以前在长崖子村住着。长崖子村是个山沟小岔，环境也不是很好，不如宋家沟这里强。这几年，县里搞易地搬迁。去年 5 月，我们这精准贫困户都迁出长崖子了，我就搬到了宋家沟居住，也

张贵明的新居

就住上了新房子。

在长崖子的时候，我就是村干部。六七十年代，我当的是村里的队长；80年代，我又干了10多年的党支部书记。说起来，我前前后后当了33年的村队干部。后来，我老了，就不当了。

搬到宋家沟，可以说，是党把我救活了。我们长崖子村原来有30户150口人，现在都整体搬迁了，有十几户搬到了宋家沟新村，有十几户搬到了县城的小区里。我之所以没有选择去县城，而选择来宋家沟，是因为我觉得在这里好处多。我在宋家沟，是花钱不多，省钱不少。就省下的这些钱买白面，也管够我吃了。

我在长崖子的时候，就是养牛、养羊，种地，打山货。山里边都是宝，采山杏儿呀、刨野菜呀，也能生活了。现在来了宋家沟，我的生活就更好了。

我在宋家沟，离乡政府、医院近，条件比较好，我有什么毛

张贵明（左一）和老伴儿周牡丹（左二）接受访谈

病呀，有什么事呀，我跟乡镇里面的干部一说，他们就能照顾我。而且这个房子也挺好的，这个地方也挺平的。到了县城里，要是住在2楼、3楼，人老了以后，也还好上去；住顶楼了啥的，上不去也下不来。现在我在宋家沟还能刨上些地，还能种点土豆呀其他的；进了城了，就没有这个条件了。

搬家之前，乡里边的人问我："你愿不愿意搬？"我说："共产党说甚我听甚，共产党让我来我就来，党叫我干甚我干甚，跟上共产党没有错。"现在我上岁数了，身子也不行了，对共产党没有贡献了，只能共产党养活我了。因为这，我就有些泄气。你说我，现在就剩下这个脑袋还能帮党做些事，有些贡献了。有人来我家，问我些问题，我就答什么。我不能光吃共产党的，光叫共产党养活我，我得对共产党有贡献了。要是全国人民都是我这样，光让养活，不做贡献，怎么办呀？

现在国家这么好，对我们这贫困户这么好，我也再盼着多活几年，保持身体，给各级领导再协助几年，争取再给党做点贡献。去年，这得了前列腺炎，去了忻州看病。头一趟去了忻州医院，我住了差不多一个月，我闺女一个人护理不过来，乡里就给我雇了一个护理，两个人护理。后来乡政府派上人拉上我，又去了忻州三次。到了今年春上，又病了。去了医院，医生说是年龄大了，不敢做手术了，就挂了个尿袋，能保持生活就行了。

县里边给我们贫困户都上了医疗保险，还给我们在保险公司上了大病保险。另外，民政部门也给报销。总的下来，报销的比例是90%多。就说我吧，当时看病的钱是我自己拿的，我看了病回来，乡里头的领导就给我把报销的手续办了，保险公司也给报了，基本上是实报实销。

我还清楚地记着习总书记来我们宋家沟的日子。下午习总书记到了宋家沟，在我家门前面的那条路上下车的。当时我在家里坐着了，县委王志东书记就推开大门进来了，喊我："老张，总书记看你来了！"我一看是总书记，就赶忙往外走，把总书记往进迎。总书记问："这是你的家？"我说这是我的家。县委王书记告给总书记："从自然村搬过来的。"总书记看着房子夸赞说："这个房子盖得还是挺漂亮的！"我说习总书记好啊，欢迎你来我家！总书记边和我握手边说："你怎么认得我？"我说我早已认识总书记了。总书记又问我："什么时候认得？"我说总书记在这个电视台上，关心我们特困户呀、精准贫困户呀，我就认得了。

　　总书记进了我家，问我："你今年高寿？"我说今年79（岁）了。又问我："搬到这儿多久了？"我说三个月了。总书记指着客厅旁的一扇门问我："这是个什么地方？"我说是个卫生间。县委王书记就打开了卫生间的门。总书记一看说："都有抽水马桶了，都有化粪池吗？"宋家沟乡党委书记刘玉欢告给总书记："咱们全村建的一个化粪池。"总书记说："看看里边。"县委王志东书记向总书记介绍说："里边是卧室，这是厨房。"总书记就看了看我的厨房，问："烧柴还是烧煤？"王书记说这是烧煤。总书记又问："有自来水？"王书记说这有自来水，已经全部解决了。总书记来到我的卧室，翻了翻床上的铺垫，问道："这是自己买的吗？"我告给总书记说，共产党给的。总书记问："你家里面这个装潢和这个立柜怎么来的？这些家具都是自己买的吗？"我说这是共产党给我搬来的，整个这个装潢，下至锅，上至火，全部是共产党给我搬来的。

　　总书记又问我："来了新家好不好？"我说，好啊！总书记问："好到什么地方？"我告诉他说，我过上城市生活了。

　　总书记问："你这个生活来源，咋来源？"我说，退耕还林给我钱，种地直补给我钱，我还有养老退休金，还有那个社会照顾，等等，项目多了。总书记问："那给了你多少钱？"我说有将近10000块钱。然后，总书记指着照片问我："这是个什么地方？"我说这是我的老房子。总书记问："这个老房子好不好？"我讲不如宋家沟好。总书记问："不好在什么地方？"我说这里是山庄窝铺、深山老林、山沟小岔。

总书记问："这个老村子，到时候拆了同意不同意？"我说，住都不住了，同意，也不计划回去了。总书记问："来了这儿了，到时候怎么生活？"我说："共产党关心我的生活。那儿放着的那个贫困户帮扶政策牌，上面有具体帮扶内容，社会保障兜底，我的生活是有保障的。"

总书记问："你来到这儿还有什么困难？"我说没有困难。总书记问："到时候你这个生活有保障没有？"我说有保障了。总书记问："怎么保障？"我说共产党给我保障了。总书记又问："你是党员？"我说，我是老共产党员。总书记说："我也是老共产党员，你觉得共产党怎么样？"我给他说，我和共产党一条路、一条心，我和共产党心连心。总书记问："现在这样的生活，你想到想不到？"我说，我想来，是没想到。

总书记对我的关心是无微不至，各方面都问到了。总书记坐在炕沿上和我说："你也坐下。"然后，总书记就问我的家庭情况，我就一一进行了答复。总书记用了个大拇指头，说："好！"

总书记问我："你什么时候入党，现在学习什么？"我说："我1970年就入党了，我学习习总书记重要讲话，学习《党章》。我不识字，老伴儿给我念《党章》，每天起来都念。"总书记又问我："你在宋家沟什么地方学习？"我说："我参加宋家沟支部学习，我们现在户口也转到宋家沟，党关系也转到宋家沟，我就参加宋家沟支部。"总书记又问："你学到什么时候？"我说："我活到老，学到老。"

总书记在我家待了有二三十分钟，问我一个问题，我回答一个问题，我心里也是特别高兴。

　　总书记从家里出来，到了院子里，问："这个房子的造价是多少钱？"王书记说："造价是 114000 元。"乡党委书记刘玉欢详细地介绍了我的一些情况："像他这一户 80 平（方）米的房子，其中 60 平（方）米是老张一户三口人的，另外一间（最西面一间）是他儿子的，属于同步搬迁，一块搬过来的。"总书记就问："老人的房子自己需要出多少钱？"刘玉欢告给总书记："老人的房子总投资是 114000 元，我们可用的政策资金是 116400 元，老人可以无自筹入住，不会举债。"

　　听了介绍以后，总书记说："这房子便宜呀，110000 多就可以住这么好的房子。"总书记关心贫困户搬迁以后的生活，就问："你们住下来，住在这里现在还做点什么？有什么收入吗？"市委李俊明书记说，附近有个全国唯一的宋长城，可以搞旅游，增加些收入。我也告给总书记，有些收入。

　　总书记看到我院子里种了些菜，看着我种的那些东西，一个一个说着名字："这是辣椒，这是茄子，这是西红柿。"我说："总书记你还认识这？"总书记说："我本来就是个种地的。"我感觉总书记是真亲切了。

　　总书记指着院子西南角的房子问："那个房子是干啥的？存放农具有无地方？"旁边人告给说，那是个杂物间。到了大门口，总书记对我说："下雨了，路不好走，你回去吧。"我说："总书记你慢点啊，再来啊！"总书记对我说："保重身体！"

　　我回来家算了算，总书记从进门到离开，一共和我握了五次手。我是高兴得一晚上没睡着呀，我好几天舍不得洗手，生怕把总书记带给我的福气洗掉了。

心里就是有点歉疚，总书记这么忙还来我家看我，关心我的生活，可是我就忘了和总书记说上一声"谢谢"，我这心里面难受了好几天！我就想着我保护好身体，好好活着，等再见了总书记了，一定要和总书记说一声"谢谢"，人不能不知道感谢么！

能见上一面，我心情舒畅了，总书记就是在我家住一晚上，我也还有话要和总书记说。他有啥问的，我就有啥说的，我老共产党员，还是优秀党员，整个共产党的事就说不完，好处说不完。

去年到今年，宋家沟来了可多人了，乡里边统计的，咋也有个 60000 人左右。大部分都是来旅游的，都是踏着总书记的足迹来的。除了旅游的来，还有就是省里的、市里的领导们，都来看宋家沟，他们还来看我。

总书记来到岢岚县宋家沟乡，我们这就成了名县、名乡，我也成名人了。总书记给我们带来了福气，给我们岢岚县带来了福气，帮助我们发家致富。至于怎么发家致富，我觉得就是让牧工，多养些牛羊；我们做买卖的，多开些门市；我们农民多，卖些农家饭，发家致富；我们林业，多种些树；我们农业多种些地，多打些粮食。总的来说，就是不管他七长八短，像总书记说的那样，咱们撸起袖子加油干！有游客问我："林业是什么？"我说："林业就是，满坡都是树，青山绿水，金山、银山、宝山。"

还有游客问我："你的文化程度怎么样，觉得现在的学生该咋上学？"我说："我一辈子没念过书，也不识字，属于文盲。对现在的孩子们，我觉得必须好好培养，他们就像八九点（钟）的太阳，希望在他们年轻人的身上，要多出些大学生，多出些念书的，为国家多做些贡献。咱们国家的希望，寄托在你们年轻人身上。"

我为什么说咱们岢岚县宋家沟乡是名县、名乡，我又是个名人了，是因为习总书记来过咱们岢岚县，基本上全国人民都知道了，咱们岢岚县就是名县了；总书记来我们岢岚县，去了赵家洼，还来了我们宋家沟，我们宋家沟乡就成了名乡。人来得那么多，那这不是名乡，又是什么？我是名人，也是这个意思。我和总书记见过面，握过手，总书记还亲自到我家，关心我的生活，中央电视台上还播出来。

现在我们岢岚县越来越好了，我们宋家沟村也越来越好了，旅游的人越来越多。希望咱们岢岚县多引进些产业，多带动点其他的贫困户。我们宋家沟多卖些农家饭，大家多挣点钱，日子就越过越好。

我老汉现在活得挺好，搬到宋家沟后，生活有保障了，出行也方便了。我也见了世面了，我老汉这辈子活得也值了。我现在就是保重好身体，还想为党做些贡献，高高兴兴的，好好生活。

到什么时候，我也不忘党对我的好。我还要继续学习，参加宋家沟支部学习，认真学习党的十九大精神，学习总书记的系列讲话，学习《党章》。我也跟总书记说了，我要活到老，学到老。

电视里面说了，中国特色社会主义进入了新时代，这新时代是干出来的。这不，总书记来了咱宋家沟，咱们就更要好好干，努力干，加油干！跟上总书记，撸起袖子加油干！

那一刻，俺的心情无比激动

马玉印是赵家洼村的党支部书记，那天他陪同习近平总书记考察赵家洼，同时也见证了一年以来赵家洼的巨大变迁。

我能见到总书记，还陪着总书记去走访了俺村的贫困户，心情不要提有多激动了！

赵家洼在岢岚县的西面，距离县城也就13公里。如果单从距离来说，13公里并不远。不过，由于赵家洼在一条深沟里面，没有公交车，要去赵家洼也并不容易。

从县城出发，沿岢大（岢岚—大武）公路一直往西走10公里，然后往南，跨过岚漪河，就进了一条沟，再走3公里就到了赵家洼。前面的10公里是干线，好走；后面的3公里是土路，还坑坑洼洼的，就不好走了。再者，去赵家洼要过岚漪河，雨季的时候，河水很大，要过河可费事了。

这条沟里有四个村，首先是宋木沟，宋木沟进来是小赵家洼，小赵家洼进来是大赵家洼，大赵家洼再走是骆驼场。说是四个村，实际上，这四个村加起来户籍人口也就几百人。这几年村里人们

赵家洼党员干部重温入党誓词

都外出打工了，陆续搬迁了，留在村里没几个人了。

现在大家说的赵家洼实际上是小赵家洼，也就是总书记去过的那个村。2016 年的时候常住人口只有 6 户 13 人，这里面包括 5 户贫困户。5 户中有 4 户贫困户在赵家洼村里住着，还有 1 户贫困户在大赵家洼村居住，也属于赵家洼。总书记去了赵家洼走访了 3 户：首先是刘福有，然后是曹六仁，最后是王三女。

我 1962 年生，1992 年入的党，2000 年开始担任干部。组织培养我，群众信任我，我就要干好。作为村里面的党支部书记，就是要听党的话，就是要按照县乡安排带领群众脱贫奔小康，就是要想办法让群众过上好的生活，吃得好一些，住得好一些。

党的十八大以来，中央聚焦精准扶贫，这对我们贫困地区来说是个机遇。赵家洼是贫困村，帮扶单位是岢岚县人大，驻村工作队就在村里住了好几年了。

"我是赵家洼支部书记马玉印。"我在介绍自己的时候，总书记和我握了手。说的是土话，我担心总书记听不懂，我还问过身边的领导。人家说，总书记在陕西插过队，和咱们山西人说话基本也差不多，能听懂了。这下子，就打消了我的顾虑。

自我介绍完后，总书记和大家一一握手，我就陪着总书记向村里走，一边走一边介绍村里的情况。总书记一边走一边听，很是平易近人。

快到刘福有家大门口时，刘福有的老伴儿杨娥子迎出来，拉着总书记的手，把总书记迎进了院子。

刘福有的院子也就五六十平方米，三间正房，房子有六七十年了。我和王志东书记陪同总书记进去。进了家里，总书记首先和坐在轮椅上的 92 岁的老奶奶握手，说"你好，你好！"连说了两次，老人没有回应，因为老人年龄大了，耳朵有点聋。这时候，刘福有就和他母亲说"总书记问你好"，刘福有的母亲还是没有反应过来。刘福有大声说："总书记，就和毛主席那会儿一样。"这时候，刘福有的母亲反应过来了，说了声："你也好哇！"问候完老奶奶以后，总书记就坐在刘福有家的床上拉家常，问贫困的情况，准备易地搬迁吗，准备往哪里搬，一年种了多少地，能收入多少钱，刘福有都一一作答。

从刘福有屋里出来后，到了院里。总书记指着院里的西房问："这是什么房子？"我回答说："放杂物的，放乱七八糟的东西。"总书记走到牛圈口看，问道："这牛是自己的吗？"我说："自己的，咱们老百姓耕地用哩。"总书记又问："还养着鸡？"我说："这个鸡是咱们扶贫工作队发给的产蛋鸡，主要是给老奶奶改善营养了。"

从刘福有家出来后，就到了曹六仁家。进了曹六仁家大门，总书记看到前面一个破房子就问，这是谁家的房了。老曹告诉总书记是杨巨才家的，这家已经搬走十来年了。

曹六仁家是六口人，四个娃娃，三个小子一个闺女。闺女念大学了，属于典型的因学致贫户。总书记看得很仔细，一进门就说，这是两间房子，中间是一根柱子。当看到曹六仁家地上砖铺了一半，还有一半没有铺时，总书记就问他，为啥铺了一半，不铺满了。总书记的话问到了老曹的心病上了。老曹说，去年他这地铺到中途，手指骨头摔断了，这铺地也就搁下了。总书记还走到锅台那块，仔细看了看，还问我锅里的面疙瘩叫什么，怎样做的。总书记还详细地问了曹六仁家的收入和开支，曹六仁说了"雨露计划"、退耕还林、粮食直补。总书记还问了国家的补助和老曹享受的待遇等问题。

总书记问曹六仁："你愿意搬出去吗？"曹六仁说："愿意，（我要）响应党的好政策。"总书记又问："退耕还林，再到山上种树，他们还有工钱吗？"我赶忙回答："有，必须联系贫困户。"从曹六仁家出来，在院子里看到平车，总书记就问："这个平车是干吗用的？"我说："庄户人拉个化肥，拉个粪去地里，种地用的。"

第三户去的是王三女家。这户因病、因残，还没有劳力，她家是村里最穷的。王三女68岁了，还独自带着两个智障的孙子。看到总书记就迎上去，她说："慢点，你辛苦了！你太辛苦了！"总书记说："不辛苦！"她拉着总书记的手，引着总书记走进院子。

王三女家的院子也不大，院子是土墙，低低的房子。到了家里，坐在炕沿边，总书记和王三女开始拉呱（拉呱：聊天）。

总书记问："你叫什么名字？"王三女说："我叫王三女。"总书记还用右手比画着写了"王三女"三个字。又问："你多大年纪了？"王三女说："68（岁）了。"总书记说："你算我的一个大姐了，我64（岁）了，比你小4岁。"总书记又问："你的老伴儿呢？"王三女说，"老伴儿去世9年了。"总书记问："现在就是你带着两个孙子？"王三女说："就我带两个孙子。"总书记问："他们现在多大了？"王三女说："一个13岁，一个14岁。"

总书记问："现在在上学？"我说："在忻州特殊教育学校寄宿。"总书记问："像这种娃娃还有什么待遇吗？"我说："还有孤儿补助。"总书记问："那一年多少钱？"我说："两个娃娃一年两万来块钱。"这个时候，总书记站起来，看到墙上相框里的照片，王三女就指着照片说："这是大孙子，在学校吃饭哩。"总书记问："他们平常什么时候回来呢？"王三女说："他们放假回来，不放假不回来。"总书记问："就是寒暑假，平常周末不回来？"王三女嗯了一声说："平常不回来，他们住得远了，回来我还得送他们哩。"

为了解决王三女家的住房问题，通过旧房置换、政府补助的方式，王三女搬进了县里广惠园小区的新房子里。她的那两个娃娃上学、生活的费用，也全都是政府给出了。这三家中，王三女家是最困难的，这回有了党中央的好政策，她也算是有个依靠了。

从王三女家出来后，我继续给总书记介绍村里的情况。我们这个村就是靠天吃饭，坡地梁地多，村里有一千三百来亩地，前几年退耕退了九百来亩，现在又实施的四百来亩退耕，就是咱们看到的那些平滩地。这个村外流人口多、单身的多，没有学校，没有卫生室，挺不方便，老百姓住的房比较破烂。

总书记走着走着，指着西面地里的一个井台问我："那片是啥？"我说："那是我们赵家洼唯一的一口井。"总书记听说村里只有一口井，就想去那个井台看看。总书记走上井台，看了看井里的水。我把井台上水泵的闸开了，水一下子就抽上来了。总书记问："你们的井水质量好吧？"我说："很好，质量指标全部合格，咱们县水利局、自来水公司都化验过。"总书记仔细看着，说："水很浅啊！"我说："一米多。"总书记问："地下水位很浅呀！全村就吃这个？"我说："全村就这一口井。"总书记沉思了一下问："现在只限于吃水，还能浇地吗？"我说："浇地供不上，只管饮用水。"我说，这个井是 1983 年建的，水位下降了，不咋够吃，过去我们是拿上扁担和桶往起吊（水）哩。咱们人大工作队来驻村扶贫了，买了泵，买了闸，接通电，水直接就能泵上来。

总书记从井台上下来，又蹲在井台旁的农田里察看玉米的长势。问我玉米的产量，我说年景好了，亩产一千多；年景不好了，亩产五六百斤。总书记看着玉米长得不高，就说地里受旱啊，长得差一些。总书记又看见玉米地旁长着一种作物，就问这是什么，我说是红芸豆。又问一亩能产多少斤，我说一亩能产二三百斤。市委书记李俊明说，岢岚是中华红芸豆之乡。

从井台看罢以后，总书记又去了驻村工作站。在驻村工作队的土坯房里，扶贫工作队向总书记汇报了工作，总书记听得很仔细。总书记出来时说："感谢你们的工作！"然后，总书记和大家握手告别。

从工作站出来，走到了村口，这时，大伙儿闻讯聚集在村口。大家热烈鼓掌，激动地喊着："总书记好，总书记辛苦了！"总书记和每一个村民都握了手。上车前，总书记说："再见！希望看到你们的生活越过越好。党和政府都关心你们。"大家说："感谢党，感谢政府，谢谢总书记！再来！"

在场的很多村民都感动得流出了热泪。

总书记来之前，赵家洼两个多月没下雨了。你说也怪，总书记在赵家洼的时候赵家洼一点雨也没下，稍微刮了一点点风。他离开以后，哎呀，赵家洼那雨下得大了。自总书记离开后，雨是一场接一场，一场接一场，那庄稼长得可好了，去年庄稼取得了大丰收。

总书记来赵家洼后，赵家洼出名了，我也成了名人了，好多记者来采访我。有时候走到大街上，有人会说，那是赵家洼的支部书记。

总书记来过以后，老百姓经常议论，都说以前是在电视上看到，这次亲眼见到总书记，还和大家握了手，这是以前想都不敢想的事情。总书记平易近人，加上党中央政策好，老百姓可是赶上好时代了。从我们基层党支部书记来说就是要做到两点：第一，坚决拥护党中央的领导，党中央让我们干甚我们就干甚，一定得跟着党中央和总书记走。第二，要践行总书记所说的"人民对美好生活的向往就是我们的奋斗目标"。党支部书记必须撸起袖子加油干，带领群众尽快脱贫。

赵家洼党员干部学习党的十九大精神

　　十九大提出了中国发展新的历史方位——中国特色社会主义进入了新时代。新时代要打好三场攻坚战，其中之一就是脱贫攻坚战。就是要帮助贫困村、贫困户，尽快带着他们共同致富。对于一些自然条件太差的村子，县里决定移民搬迁，把老百姓迁到上学、看病、生活方便的地方。移民搬迁是个好政策。搬迁后，最起码有一点好处，就是住房有保障了。大家都习惯在县城买东西了，就说我们赵家洼，往返县城不仅费时间，还得花十块钱的车费。

　　总书记离开以后，赵家洼得到了社会各界的关注，来村里的人可多了。在县脱贫攻坚指挥部的统一筹划下，赵家洼整村移民搬迁，种上松树和中药材，复垦出来的地用于土地交易，村集体也有了收入。

乡亲们根本也想不到这些事情，没想到他们这辈子还能住上楼。你叫他们拿二十几万买楼他们没那个能力，就有那个能力他们也不买。如果有这笔钱，他们会养老，绝对不会去买房子。国家精准扶贫的政策，改变了他们的命运。

就说王三女家吧，她在赵家洼那个烂房子大家在电视上都看到过，真是不能住了。去年9月后，她的住房有保障了，她的生活也有保障了。要是没有党的好政策，她的两个孙子都保障不了，更不用说住处和生活的保障了。今年4月，她那两个孙子还办理了孤儿手续。有了孤儿手续，孩子就可以享受国家补助了。王三女长时间有病，通过合作医疗、大病救助，这个问题也解决了。

年初，我给王三女算账，两个娃娃国家给养活了，都不用自己花钱。王三女还享受着国家政策：3000多元的低保金，1140元的养老保险，她还有种地补助、退耕还林补助，还有其他救济，加起来这钱就多了。全家人生活是很好的，最起码脱贫是没有问题了。

2018年3月16号，县里召集全县干部群众代表在部队礼堂召开了岢岚县脱贫攻坚脱贫摘帽大会，有一千多号人参加。开会那天，我遇到了王书记，王书记和我握了手，让我好好干。

我要坚决贯彻落实党的各项政策，不忘初心，牢记使命，全身心投入到脱贫攻坚中去，为岢岚早日摘掉穷帽子继续努力。

撸起袖子加油干

抓党建，兴产业，促脱贫

张龙云，忻州市国土局干部，现任岢岚县王家岔乡朱家湾第一书记。岢岚是他的老家，他带着对故土的热爱，在扶贫工作中抓党建，兴产业，促脱贫，实现了"双促双进"。

他来到朱家湾后，围绕抓党建促脱贫，在为乡里引资建酒坊、醋坊的同时，牢牢地抓住党建工作，全面加强村委会班子建设，提出"双促双进"的构想，即以党的政策引领企业走上扶贫道路，使农村党支部在参与企业活动的过程中得到锻炼和提升。在脱贫攻坚过程中，党支部、扶贫企业和老百姓互助互利，实现了多赢。

我叫张龙云，今年53岁了，是忻州市国土局的一名普通干部。我的老家叫马蒲塔村，属于岢岚县高家会乡，但我是咱岢岚城里头长大的。我父亲16岁参加工作，是个离休干部。他原来在县经委工作，过去就叫县经济委员会。我1986年参军，去了北京武警部队。因为我比较爱写，被选到部队新闻报道处。1990年从部队复员后到市国土局工作。

2016年12月，市委组织部、市扶贫办联合下发了一个文件，说要从市直机关抽调180名干部到贫困村担任第一书记。当时我在机关党委工作，机关党委见我善于做党建呀、写作呀这方面的工作，就安排我来。我过来以后被分到了王家岔乡朱家湾村。

当时，我做这个工作确实有些后顾之忧，就是我有个80岁的母亲病着，需要照料，实际上走不开。我的两个姐姐在太原，有时候也顾不上照顾。但我最后还是克服了困难，服从组织的安排。因为我认为扶贫工作，从大的方面来说，国家提出两个100年的奋斗目标，其中2020年要全面实现小康。一个人能赶上这么一个机遇，不管是从工作方面还是从个人方面来说，这都是一个很幸运的事情。2020年实现小康，这是个划时代的事情，能参与这个事情真的很幸运。国家很好，给我们提供这个大舞台。从我个人来说，我认为我的工作经历也比较简单，到基层锻炼，学习学习，不仅丰富了自己的工作经历，也是一种难得的人生体验。再一个方面，就是我个人的故土情结。岢岚是我的老家，我对家乡有深厚的感情，趁着这个机会，为家乡的老百姓脱贫出一分力。

我来了以后，先到王家岔乡，就大大地受了教育。那时候恰逢年底，正赶上国家要考核评估，那个工作场面、工作干劲，领导带头，干部响应，加班加点，没有节假日，不分白天黑夜。看到那个场面，你就感到你不真的做些事情，是真的不该来，这是第一。第二个就是通过驻村、访贫问苦、和老百姓劳动下地头，还有平时的吃饭接触，从这些方面真的是了解了老百姓的善良和疾苦。咱的生活过得也不富，但通过一对比，就发现老百姓的生活确实很是艰苦。到了那就一个想法，就是你能做个甚你就做个甚，能帮个甚就帮个甚，就想帮老百姓。

作为第一书记，我感觉头两个月的工作就是比较肤浅，我总结了那两个来月的工作："走一走看一看，写写日记填填表；抬抬腿望望天，擦擦玻璃扫扫地。"后来，我认为我们来了不能仅仅满足于调查研究、访贫问苦，或者仅仅是写一些民情日记、帮助老百姓扫扫院子，不能是单纯地像学雷锋的活动。来了以后，首先要明白第一书记的职责，我们确实是来帮老百姓的，但是得在脱贫上激发老百姓的内生动力，带领老百姓自己走出一条脱贫致富的路来。我的思想定位就是这个，后来就赶紧做了转变。主要是工作方式上的转变和工作作风上的转变，把脱贫工作向纵深方向发展。

作为第一书记首先就是要了解贫困，走一走看一看，这已经是做到了。但是我想，我来了以后能不能改变当地的面貌，能不能真正取得些实效？扶贫是什么？扶贫就是塑造当地的致富能力，你要把当地老百姓的致富能力给塑造起来，不能说国家给50块钱，花完以后怎么办？第一书记下来不能光是落实政策，落实补贴，靠国家扶持，这个做法我认为不叫扶贫，或者说不能就像一个交接棒一样，光做一个简单的二传手，没有自己的一种创新。我是从扶贫方式、从激发当地的内生动力，实现由"输血"到"造血"上考虑的。

所以我就提出这么两点：一个是工作方法，一个是扶贫方式。我认为扶贫方式不仅仅是落实政策，给移民补助，给医疗补助，给教育补助，还要通过第一书记的影响带动，帮助老百姓塑造脱

朱家湾党员干部召开支部会议

贫能力，让他们自己能去挣钱。所以我就把重点放在引进资金办企业、开发当地资源上，我把脱贫的思想重点放在这。

朱家湾党组织建设可以说是软弱涣散。我刚来到朱家湾的时候，村里有20名党员，基本在村的就三四个党员。我的体会就是农村工作的重点在基层党支部，实际上与群众接触的就是基层党员，事事离不开基层党支部。共产党好不好？关键就在基层党支部。基层党支部非常重要，只要基层党支部发挥好作用，什么也能做好。后来经过整改，我认为我们村可以说是走在前头的。

我去了以后，首先抓党建，先做规范化，就是党建的规范化，刚开始就是"三会一课"等。通过"三会一课"的落实、民主生活会的建立、民主评议党员、"三严三实"教育等，先从制度上落实下来，没有制度就没法操作。村里面的主要工作还得靠村支书，因为他了解村里各方面的情况，善于协调人的关系，做起工作来有优势。我的工作就是发挥自己的优势，主要是党建，他们的党建经验不够，我对政策、信息、资金这些方面熟悉，咱做这些工作。这样，就把两方面的优势结合起来了。

我们落实"三会一课"，我首先带头，讲党课，第一书记讲课，支书也要讲课。再一个就是在村的党员，人人讲党课，不管说甚，哪怕是找上一本书来念，这也是个学习、提升的过程。还有就是，我还搞了一个活动，要求党员干部在访贫问苦的过程中把中央的政策带上，学习总书记的重要讲话，结合扶贫政策来讲。比如说在落实补贴的时候，你要给人家（村民）讲；比如你是民政（社保兜底）扶贫，你要给人家讲清楚，让老百姓心里清楚，这些都是锻炼支部的一个过程，也是提升党员自我的一个过程。

我们还搞民主评议，就是群众大会，自己讲自己，自己点评自己，哪个干部不行，老百姓清楚。像他们（村委会党员）自己上党课都参加呢，印象深刻的就是那个村委会副主任杨亮云。他开始不咋识字，第一次讲课找了本《习近平的七年知青岁月》。讲这本书，刚开始很不适应，讲了几次以后，一讲课就很高兴，觉得这个很有意思，说："就应该这样，过去我作为一个村干部，政策上能给你老百姓弄点事情啥也不知道，通过这个经历，锻炼以后，确实是感到我也能给老百姓解决很多事，做起来感到自信了，也找到方法了。过去我就没感到自己像个干部，天天就该劳动劳动，叫我开会我也不出声，你咋闹呀我也不知道。"就是个这情况。实际上原来村里面的干部不了解政策，也不知道该干啥，但是他知道村里边的情况，知道村里真的该搞些甚，但是从这个政策层面、社会信息来讲，这是脱节的。现在通过"三会一课"、讲党课呀，这么一个学习，要做的事情能在政策上找到依据了。从理论上找到依据，知道习总书记是咋说的，咋要求的，起码是眼睛亮了，心里明了。

我还组织他们开展一些调研活动：一个是村情调查、贫困户的调查，通过调查，了解了问题的现状，起草了《朱家湾扶贫计划》《党建扶贫计划》。一个是推进产业扶贫，组织他们到发改委、到各级政府、到县里头的不同机关去学习政策，争取资金，争取项目，通过各方面的锻炼、学习，他们确实是在方方面面得到了提高。

村里也有贫困党员，他也和普通贫困户一样，像杨亮云就是，但是人家的素质相对还是不一样，羊也养的五十来只，牛也好几头，生活相对还是好一些。杨亮云算党员里比较贫困的，他儿子养羊，我给他到市里头农牧局咨询一些专家，帮他咨询一些羊的疾病的预防啊、饲料的搭配啊、养羊的常识啊。既关心贫困户，也关心贫困党员的家庭，要落实到生产、生活上。

我们这个村是 120 来户，贫困户是 53 户，今年又搞了个动态调整，因为贫困户他也是有变化的，现在调整成 57 户了。在很短的时间内，村里真的是很难有根本改变，但是我觉得人们首先精神面貌改变了，自信了，心情舒畅。再一个通过国家政策的保障、兜底，各方面都补贴，还有产业扶贫，确实是可靠了。群众生活质量也好了，我看他们中午吃饭经常也有肉，爱喝点酒的也有酒，就是贫困户不咋贫困了。群众认为，国家现在确实是做

张龙云走访贫困户

得很好。

我们朱家湾是个易地扶贫搬迁村，现在合到王家岔村了。易地搬迁是去年10月29号开始，12月30号结束的。两个月，搬了一百零几户，有去县城广惠园的，有在王家岔集中安置的，朱家湾已经没村（整村搬迁后已按政策撤销）了，那些房子基本上拆了，今年老百姓都搬走了。

乡党委成立了个搬迁组，村干部也参与。村里的具体工作还得靠支部，支部宣传发动群众，再一个就是落实补贴，还有一个就是后续的承包。个性的工作有，共性的工作也有，工作量很大。

因为咱这个不是喊口号，就是用实实在在的事情，用细节去支撑我们的党建助脱贫，有血有肉，生动。要想生动，得下来接触老百姓，可得跑一跑。老百姓就是能给我解决问题我才说好，村干部真的把事情做得让老百姓满意到家。我觉得不管谁当了（农村第一书记），农村必须得有个好的带头人，没有个好的带头人不行。有一个好班子，真的要把群众带动起来，那农村确实会发展很强，因为农村有很多优势。赶上国家有钱了，工业反哺农业，再一个总书记提出了乡村振兴战略，国家支持力度可大了。现在机遇来了，带头人只要稍微知道政策就知道该做甚，所以关键是要有好的带头人。

去年总书记来，虽然我没有现场见到，但是总书记讲的很多话，我印象很深，对我是很大的激励。我印象最深的就是他在看了扶贫工作队、第一书记以后，接着就讲了几句话："咱们国家，为了农村工作，有好多举措，第一项就是第一书记制度；第二项是大学生村官制度；第三项是驻村工作队。到2020年实现了小康之后，这些人功不可没，得到了锻炼和考验；要在这些人当中，培养一批人。"我听了以后，真的是有一种自豪感。一是受到了鞭策，党组织把我选派到朱家湾来担任第一书记，感到责任重大，要尽职尽责。二是受到了启发，习总书记看望工作队、第一书记，可见第一书记的重要性，自己要珍惜这个工作机会。三是受到了压力，有了紧迫感。2018年全县要脱贫，时间紧，工作量大，只有每个人脚踏实地做实事，出实效，才能保证这个目标如期实现。我觉得咱不能辜负时光，这么好一个平台。我就想，你能做些甚？所以就开始动手想把这个产业引进来。王家岔乡有宋长城，紧邻着荷叶坪，朱家湾村就在荷叶坪山底下，这个村的优势就是生态环境。因为这有个宋长城，包括它有千年古森林，还有荷叶坪流下来的无污染的泉水，我后来就把注意力转到泉水上，开发泉水，引进企业。我选择在寇家村引进忻州市一个制酒公司，建成了我们宋老酒纯粮酒坊。建酒厂的这个过程中就必须依靠党支部，酒厂是我引进来的，我是第一书记，乡党委让我来抓这个党建引领产业脱贫工作。要以党建引领扶贫发展，就是采取"党支部＋企业＋贫困户"的管理运作模式，咱这个是岢岚第一家。酒厂的建立是咱王家岔乡注入 68.1 万的扶贫专项资金，给贫困户分红。这个支持力度很大。

我记得是 8 月份开工的，结果 2 个月这个酒厂就弄成了，弄成了前面谈到的 68.1 万资金。乡里头是 3 年合同，这个钱不是给了就没事了，给的时候人家也要做一定的保证，就是说让我来担保这个事情，我还签了字，你这个企业还不了钱了人家找我呢。县委王书记把这个事情给忻州市上报以后，对着我竖大拇指，说真的是踏踏实实在做事。

去年 11 月 8 日，咱们包乡县领导县人大常委副主任王生平、副县长耿建军参加了王家岔乡忻州市农业科技公司组织的酒坊分

宋老酒纯粮酒坊

红仪式，全乡没有享受"五位一体"金融扶贫政策的 178 户贫困户，享受到了这个分红，平均每人分到 595 块钱。另外，酒坊所在地寇家村村集体一年的土地租赁费 5000 元，这是王家岔乡第一个扶贫产业，这在岢岚也是比较少见的。这个酒厂影响很大，首先，产酒原料会用到高粱，可以带动当地的种植业，像咱们岢岚的西部区域种高粱，我们要得多，就容易带动农业种植。其次，生产的过程中会产生酒糟，可以带动养殖业。再一个白酒的话，年产量 30 吨，我们酒厂生产的酒，最大的特点就是无污染，纯粮酒，不勾兑，健康的。咱这酒有 42 度、45 度、52 度三个度数。5 斤装，300 块钱一瓶。价格不高是因为品牌还没有打出来，没有品牌效益。价格也不算低，因为咱酒的品质好。今年计划在这个分红上扩大，贫困户数要达到 200 多户，贫困户一人 700 块钱，今年应该比去年更有贡献一些。

我这个产业扶贫工作中最大的特色就是党建引领，产业扶贫是我们抓党建提升支部能力、锻炼党员的一个新的平台和机遇。在乡党委的领导下，我们建立了"党支部 + 企业 + 贫困户"的宋老酒纯粮酒坊企业管理运作模式。党委责成我为甲方代表，全权负责工程建设管理和与乙方沟通接洽。在工程建设中我提出，要通过产业脱贫，强化村支部建设的阵地创新，在产业开发的新课题、新工作中完善村支部功能，锻炼党员干部，实现农村支部从传统到现代的跨越，就是说以党支部和党的政策引领企业，把它引领到扶贫的这个道路上。另一方面来说，因为农村支部非常传统，通过管理企业的过程，能够了解现代企业管理，学习到现代市场管理经验。这对农村党支部来说是个锻炼和提升，在这个产业阵地上，锻炼落后的农村党支部，叫它来适应现代管理、现代市场经济。咱们的党员干部通过参与，在能力上、理念上、思路上，确实得到了提升。一是发挥村党支部的战斗堡垒作用和党员的先锋模范作用，引领酒坊不懈地运行在脱贫攻坚的轨道上，实现效益最大化。二是通过企业标准化管理、市场化运作倒逼村支部建设，提高党员干部管理企业、适应市场的基本能力，达到党支部和企业的"双促双进"。

支部成员通过去企业进厂体验，参与劳动，和人（家）老板们在一起研究事情，出去调研推销，也得到锻炼。过去那个地方比较封闭，农民知道得也不多。我认为扶贫就是要改变贫穷文化，通过这些参与，让农民的能力得到提升。真正意义的扶贫就是自我能力的提升。

咱这个过程中，让企业啊、党员啊、党支部在交往中得到提升。企业老总苏建林说："我也是党员，我来了不是说想在咱们王家岔挣多少钱，确实是想扶贫，实实在在做点事情。"要说经济效益，他也赔不了，一年应该卖到200多万，分红他分了10万。应该说是互赢的，政治效益也有，经济效益也有，扶贫效益也有。我的理解就是，只要互赢，就能进步，我感到这个合作模式挺好。

第一书记任期是两年，我这今年12月就到期了。两年时间让村支书完全和咱们一样，还是有困难的。要从能力上根本转变不是简单的。人们说这个第一书记两年太短，我也觉得太短，刚搞起一些事情，就要走了，有的人想留下来继续干。有些观点是第一书记两年啥也干不了，但我得考虑我走了以后能留下什么？我能留下我的产业扶贫，我能留下通过财富带动个人创造好生活的这种能力，这就是第一书记来应该做的事情。再一个，我也是个岢岚人嘛，我真的是有感情的，我留下来能实实在在帮到他们，这我就感到很好。

因为你第一书记担任两年时间很短，首先就是要有种紧迫感，要做下事情，要有所作为。哪个人都想实现自我价值，但要实现自我价值，就要通过一个平台去实现。先把要做的工作做好，自我才能实现了。我感觉就是：第一书记不仅仅是在实践中的锻炼和提高，更是一种精神食粮，给人很大鼓舞。

农村真的是得有个好带头人、好支部。我觉得咱们国家还是要在这个农村的支部建设上，把这些大学生派下来，弥补这个短缺。农村缺的就是观念、理念、知识、信息、眼界，把大学生们派到农村党支部，下来以后互补。总之一句话，只要党建抓好了，没有办不好的事情！

返乡创业，办起合作社

如果不经人介绍，你不会相信面前坐着的这个一脸书生气的小伙子已经 33 岁，在温泉乡田家崖村支书这个岗位上已经做出了很大成绩。谈及自己从忻州师范学院毕业后，为什么会选择回到农村工作，这个小伙子腼腆地笑了："我对这个农村工作一直比较喜爱。我也是个年轻人，回来也想有一番作为。"

我叫杨侠，2009 年忻州师范学院毕业，学的是法律专业。毕业后先是教了几年书，没有考上特岗教师，就一直没转正。然后又去教育局办公室干了几年，是公益性岗位，不是正式工作。当时看到有这么一个下基层的机会，加上对这个农村工作一直比较喜爱一点，我就自己做了这么一个选择。

2014 年的时候，我直接回村参与竞选，当上了村委会副主任。自 2014 年到现在，我在村里做过一些工作，比如土地确权工作，准备一些文字性材料，村里人对我的能力和素质也比较认可。我爸在村里边是个教书的，虽然后来调到其他乡里边，但是在村里边人们也都比较尊重他，可以说我有一定的群众基础。2017 年换届的时候，我就竞选当上了村支书，兼任村委会主任。

在当选前几个月，我就在思谋怎么来做脱贫工作。我当上支书以后，感觉党建这块工作非常重要。这二年，扶贫工作压力越来越大，它必须要建立一些真东西，才能真正带领村民们脱贫致富，因此党建和脱贫工作要真正地结合起来。我们那个地方一直就是靠种地为生，村里边都是七老八十的那种人，劳动能力也不行了。

我去年担任支部书记后，首先把党员活动室建立起来，把支部各项制度完善起来，先从"三会一课"、固定党日入手，每个月都学习领会十九大精神，学习国家扶贫政策、乡村振兴等内容。村里边的第一书记、驻村工作队，这些都是年轻人。村里两个老党员，经历多，有经验，让他们讲一些他们那个年代的事情。村里头的一些大事，开会的时候，我先征求老党员的意见。还有就是财务这方面，老党员当理财组长，让他把关。

我现在也还是思考着，如何真正把这个党建抓起来，把学习的阵地建设好，阵地强了，也有人，事情就好办多了。要把班子健全，把会议开好，把政策宣传好，把精神贯彻到。到了固定党日活动，学习都有几个步骤：重温入党誓词、学习十九大精神、交党费，这些是规定动作。除了这些，我一直想再有些创新。

支部建设好了，党员的心齐了，工作就好开展。乡村治理是重要工作，村容村貌这方面县乡也比较注重。我们是一个党员分管一块，护林防火、道路安全，那是上上一届的支书担任林业员。整村提升这一块儿，第一书记主抓。党支部和驻村工作队每个党员分管一块工作，具体工作以村委的人为主来做。

田家崖党员干部重温入党誓词

　　脱贫不脱贫，先要看党员。党员要先带头脱贫致富，还要带动群众脱贫致富。我想的就是咱成立贫困党员合作社，带动村民脱贫致富。当初想，种地是农民的拿手戏，要不就成立个种植合作社，种药材或者水果。我们乡的气候比较暖和，当时还准备种菜来，但是因为种菜需要大量劳动力，他们体力跟不上，而且种地的话，交通、灌溉这些方面的基础非常差。最后说，咱这儿就是有山，靠山吃山，还是要搞养殖，就决定成立了养殖合作社。开始考察过鸡、猪之类的，行情都不太好，最后定为养驴。县上刚好有个项目就是养驴，每头驴补 3000 块钱，我们就成立了这个养驴合作社。

　　成立合作社的时候，必须要自筹资金。我和村里边几个党员商量了一下，他们也愿意出资，就准备建厂子，选址也选下了。我到县畜牧局咨询养驴的事情，又下乡里头找相关领导。乡里头认为这个想法不错，很支持，给我六七万块钱的建设补贴。赶动工前头一天晚上，领导给我打电话，说再缓一缓，县里边也重视这个事情，可以再扩大一些规模，选址你可以重选，经费可以多支持些。

帮扶我们那个村的是山西省煤炭地质局，卫洪平书记来村里开座谈会，了解村子里头的发展。当我们把这个想法提出来时，他们也认为挺好，非常支持这个事情。他们把党费中的一部分用于扶贫，给乡里边拨过来30万元。乡里头跟县上也争取了一部分资金，这就已经到了11月份以后。

选址的时候，因为我们村的地理环境比较差，就选在了田家崖，田家崖是整村搬迁村，和我们村相距四五里路。计划养殖60头驴，60头规模需要5个圈舍。在建设合作社的过程中，乡里头出了2个人，村里头出了2个人，还有煤炭地质局2个人，6个人去辽宁黑山那边考察养驴项目。辽宁和岢岚的气候相似，那边的驴过了这边也比较适宜养殖，初步计划先买30头。

去年9月份成立合作社的时候，是5个人，全是党员。为了带动贫困户，又拉进来15户党员贫困户。我开过会，凡是出资的占股份分红，贫困户不占股份，每年给分红2000元或者3000元。

导致党员贫困的原因有很多，主要是因为年龄大了。这15户基本上都是50岁以上，80多岁的也有，几乎半个乡的贫困党员都划到我这个支部了。

我们周边的村是适合种谷子、小杂粮之类的，岢岚县温泉乡那边的谷子，是最好的。人们常年吃，谷子的名气确实也出来了，现在准备弄富硒谷子，熬出来的稀饭好喝，营养价值高。乡里头

田家崖党员干部召开支部会议，研究脱贫

扶持，给化肥、种子、富硒剂，打造富硒谷子的品牌。富硒谷子要比普通谷子每斤贵个五六毛钱，这就形成了产业。对老百姓来说，一斤就能多卖几毛钱。种谷子和这个养驴场有关联，谷子秸秆（干草）是驴最好的草料。

　　贫困党员合作社乡里头给注入资金，合作社里共有贫困党员15户16人。现在就是稳步实施，把驴场建好，下一步就是买驴。合作社产生的收益，村集体要占40%，剩下就是给这16个贫困党员分红。逐步带动贫困群众参与进来，带动他们脱贫。

　　我是有这么个考虑，贫困党员户可以提供草料，他们还能种地，把干草卖给合作社，或者将来夏天种了草出料，能从这个草

杨侠走访贫困户

料上增加收入。县上对养驴有补助，1个贫困户每头给补助3000块钱，1户最多能认3头，也就是9000块钱。如果他们自己觉得有能力养了，就可以领养。买驴的时候，品种好的是以9000元算的。如果啥也不押，让白领走的话，咱也不放心，怕他不上心，所以他必须还得押上三几千块。贫困户要是领上驴走，说明你有用了，你就领上走。如果能生下驴仔，咱再给奖励。反正压了3000块，领上个驴，相当于给合作社养的，我再给你补助钱，就是这么解决问题。咱是以繁殖为主，驴的繁殖周期长，怀胎12个月，3年才能下二胎。这会儿就是从分红、领养、卖草料、劳力几个方面考虑帮助脱贫。

现在我还想着再成立一个造林合作社，把抓党建、促脱贫结合起来，把集体经济破零这件事做起来。

这一年来，村里发生了很大变化。有人说，总书记来过咱这个地方，帮扶工作队又下力气，咱也得加劲儿了，得做出个样子来。人们的精气神提高了不少，这个变化不光体现在党员身上，也体现在一部分村民身上。

总书记来咱这儿了，是咱们非常自豪的一件事。村民们虽然没见上总书记，一听见来了岢岚，也振奋人心。我在温泉乡，赵家洼在阳坪乡，两个乡紧挨着，在一道川里头。总书记来赵家洼，乡亲们也挺激动。总书记号召乡亲们和党中央一起，撸起袖子加油干！党员你就要先带头，贫困党员更要带头脱贫致富。建立贫困党员合作社这个事，就是要抓党建促脱贫，以脱贫促党建，是一件真正值得我全身心投入去做的事情。

带领群众共同奔小康

张贤明担任水草沟村第一书记不到一年，村子在他的带领下就发生了很大的变化，村党支部重新焕发出生机，领导班子团结一致，齐心协力带领村民脱贫致富。他说："人活一辈子就是要踏踏实实做些事。"

我叫张贤明，是李家沟乡水草沟村的第一书记，原来在县林业局绿化中心工作，2017年的7月13号来到水草沟村。第一书记的职责就是依靠村党组织建强基层组织，推动精准扶贫，为民办事服务，提升治理水平。对于村民而言，我觉得这第一步应该就是宣传党的政策，让乡亲们知道党当前的政策到底是为了什么，要干什么，是个什么意思。

为了能够顺利地开展工作，我首先就是调查了解村里的具体情况。经过走访村民，我感觉首先要做的工作就是解决领导班子不团结的问题。水草沟的村支书是个年轻人，28岁。我发现原来的老支书不怎么支持他的工作，爱和他唱反调。这怎么行？工作要开展，班子首先得团结。老支书不当支书了，但还是两委委员，在村里说话还是很有号召力。于是，我就专门去做他俩的工作，分头谈话，让他们摆正心态，老支书做好自己的分内之事，支持新支书的工作；新支书要放开手脚干，尽到自己的责，把该做的工作都做好，不能给乡里拉后腿。其实，经过谈话你就知道，他们其实也没有什么大的矛盾，都是私人间的一些小疙瘩，经过一番努力，这个疙瘩总算解开了。

每月 25 日是固定党日活动，村里头加上我和扶贫工作队的党员一共 14 个正式党员、1 个预备党员。我来了以后，第一次固定党日活动时，要求党员把一切和村里工作有关的东西，包括想法、意见都放到会议室来，不要在背后说。那次活动中，我们给所有党员都发了党徽和《党章》。有一个 74 岁的老党员，我给他戴党徽、发《党章》的时候，老汉感动得都哭了。他说："张书记啊，我好久没过党的生活了。"从这件事我感受到，在基层加强党组织建设的必要性和组织"三会一课"的重要性，我们一定要把党组织的要求落实好，把基层组织工作开展好。我们村每个月都要组织一次固定党日活动，平时利用农闲时分经常组织党员集中学习，给大家传达、讲解党的政策，及时解决工作中的问题。我感觉，在凝聚人心、搞好团结、顺利推进工作方面，我们的集中学习、主题活动起到了很重要的作用，可以说是从根子上解决了大家的思想认识问题。

做乡亲们的工作，得用乡亲们能听懂的话来说。我就经常在大家歇凉的时候和大伙儿聊天。有一次聊天，我问他们，知道不知道国家现在为什么要用这么大的力度扶贫了？他们有人说不知道，有人摇头。我就给他们打了个比方：咱们中国改革开放 40 年，国家各方面都在飞速发展，但是乡亲们由于这样的那样的一些原因，有些人落后了。这就像是县委王书记要领上全县人民去北京了，结果，有本事的已经坐上火车上了宁武、神池甚至太原了，有些才跑到了咱岢岚县三井、神堂坪，甚至连咱村也没出去，跌倒了，趴下了，动也没动，所以共产党派我们这些干部到村里，把那群不动的人拉起来、扶起来，带上大家共同奔小康。

贫困户享受不少实惠性政策，在精准识别过程中，最后确定谁是贫困户，谁是非贫困户，老百姓很关心。实际上我发现，不管是贫困户还是非贫困户，乡亲们并不是想要多少多少钱，乡亲们就是渴望咱干部主持公平和正义。公平了，大家就没有意见。我的态度是，贫困户和非贫困户咱一样对待。刚开始贫困户还挺骄傲，觉得作为贫困户很光荣，有好处。我就对这些贫困户说，当年分地的时候，给你们和人家非贫困户分得一样样的，人家非贫困户现在除了种地，城里有楼房还有车，人家靠的是什么？一是两只手两条腿，勤快；二是一个脑子，好使。你这儿呢，还得国家帮扶。贫困不光彩，咱应该有点志气，人家帮你，你自己也努把力，早点把这贫困的帽子摘了，那才是真光荣哩。

我去了开的第一次村民大会就是对精准扶贫户做动态调整，当时来了 26 个村民代表开会。我说今天开这个会，主要是对精准贫困户进行动态调整。就目前这个情况看，已经有 25 户精准扶贫户了。你们评一评，现在村里头谁家还最穷，实际上我经过调查已经知道个大体的情况了。有人提出投票，我说咱就来实在的，说明白话，做明白事。你们说，我来写。有村民就说，张书记，你这就叫我们惹人了。不难看出，大家是有顾虑的。我对大家说，咱就本着公心说，要惹都惹，要得罪都得罪，不是个人的责任。我说："今儿开不成这个会，我明儿就不来了。"我让大家一个一个说，大家看见我是真心要办事，也就说了。有的人还不敢说，怕惹人，怕闹矛盾。我说咱这叫光明磊落，谁是真穷，大家也都看得见。这村里没我的亲戚，没我的朋友，我肯定不作弊哇。到了最后，这个会就实事求是地开下去了，做到了精准识别，很成功。从那以后，这乡亲们就不躲我了。只要我在，推门就进来了，反映情况的、反映问题的、说个人情况的都有。

去年换届选举，我们选了个 26 岁的年轻后生当支书，原来的那个支书当了主任。村子要发展，不管村大村小，必须得有人带头了。必须要有年轻人，年轻人容易接受新思想。到目前为止，村里头基本上团结一致了。为了让我们村更加团结，今年我和村里的干部一起拉赞助唱了一台戏，没让村民花一分钱，唱了三天。村里已经很多年不唱戏了，不要看这小小一台戏，通过这，乡亲们就能看见咱党员干部齐心。党员干部一齐心，群众也齐心。我们计划 2018 年底全部脱贫，2018 年以后主要就是巩固了。

第一书记，就要给群众办事，服务群众。怎么个服务群众呢？我看就是要解决群众生活中的实际困难。村里的人碾磨一直要跑四五十里到五寨县，到人家那个地方磨面路远不要说，每次去了都是人家本地人碾完才能轮到你，很不方便。我就计划着给大家弄个小型磨坊，锥形磨就够乡亲们使唤了。国开行是水草沟的扶贫单位，因为咱村没有集体经济，我就申请国开行的支持。小磨让乡亲们个人加工。给咱们岢岚统一注册了一个小杂粮，通过了 QS（企业食品生产许可）产品质量认证，包括豆面、糕面、莜面、粉面，下来就是小米、红芸豆，还有黄米（黄米：黍去壳后的果实，磨面后可做糕，当地叫油炸糕，过去一般有喜事才吃糕）。

村里头的主要力量其实就三类人：第一类人，就是关心国家大事，积极公益事业，还想社交、想发展的人；第二类人，就是没有主见，但有动力，有苦，不过对国家大事不闻不问，人家说他咋就咋；第三类人，就是年岁大了，没有理想，也没有想法，没有原则混日子的那类。其实村里头的灵魂，就是那第一类人。所以我就想先把这里头的党员带动起来，通过年轻党员把其他年轻人带起来。

党员要带动脱贫致富，能脱贫致富的先进分子要发展成党员，我在村里主要培养了两个党员。按要求，没有女党员，村里这个支委就不健全，所以我今年就有目的地培养了一个致富能手马黑女。马黑女和丈夫是养羊户，本来算是富裕户，结果她男人病了一场，是因病致贫。咱们就帮她家买了 60 只羊，现在繁殖的也有 100 多只了。他们还种着 100 来亩地。马黑女人很热心，又勤快，肯舍苦，吸收她入党，村里头没人反对，没人说赖。马黑女是自己提出入党的，今年还评了一个忻州市"脱贫致富最美女性"，全市网上投票第三名。去年过年的时候，我给她家写了这么一副对子："党心民心齐上阵，团结奋斗奔小康。"

另外一个是 47 岁的光棍，叫王海，原来可以说是倒霉败兴了，老婆也娶不过。在我的动员下，今年他开始养牛、盖房。王海以前也娶了个老婆，但是他爱喝酒，文化不高，脾气也不好；老婆就不和他过日子了，跑了。我下来看见他就像村里头那灰皮一样，不求上进，开会还捣乱。我就和他聊天，我说："你47岁还真小了么，你应该成个家，但是结婚有结婚的条件，第一是经济基础，第二就是个人的外表、形象、名声。"我给他说了这些，他开始渐渐转变。看到他有变化，我很高兴。我说，你变好了，我还给你说个老婆了。最后他说，我也想入党了。我说想入党你得有个党员的样子，对自己的要求就要高了，组织还要考察你，完后你写入党申请书给我拿来。后来，他写了入党申请书，这说话、做事和以前就大不一样了。

2018年，咱们正在搞整村提升（整村提升：指2018年岢岚县开展的村容村貌提升整治工作）。今年县里头没下达整村提升任务之前，过年时我就和乡亲们说："过了年，大家盘算下2018做甚了。想好的话，把大家想的给咱写上来。"最后乡亲们给我写上来了，今年他家养牛呀，他家要扩大种地，这都是乡亲们自己的计划，切合各家实际。我现在感觉身为第一书记，首要的就是要做好这个思想工作，思想工作做通了，行动就能跟得上。我是医生，好拿看病打比方，这就像看病一样，对症下药，才能把病看好。

现在，我们村的支书叫孙永华，主任叫马建，是去年换届选的，他们两户家庭都不错。我今年开会就说，咱村的地不能荒下，要为以后打基础，你们两个年轻人种上。其他人拿不起来，你们两个年轻人拿起来。马建家里头有农机，除去本村的耕种以外还上五寨，年年耕地就挣三四万块钱了。

我们村里头成立了蓝天造林合作社，做生态扶贫。合作社是2016年成立的，第一任社长就是孙永华。合作社带领了20个贫困户，参与劳动，挣劳务费，下来再分红。合作社就是众人拾柴火焰高，众人出力，得了钱众人分红。揽下的工程，村里人做完，除了劳务费收入外，下头还有红利了，多余下的按比例分。他这两天就是在山上种树，去年他就揽了 1000 亩，1000 亩就是 700来万块钱的营生。种树的一家就 20000 多块了，除过正常开支，节余下来这个钱，用于第二年的春季启动资金。再多余下来的钱，可以给大家分。

民主生活会上，我们要进行批评与自我批评。我说老支书，你现在还是支委委员哩，咱们都要进行批评和自我批评，这个材料要写深刻。老支书写得挺好的，都在我那档案里头，说明人家态度已经端正了。现在村里头的这两个年轻人也是很团结，就像是弟兄俩。他们两个团结了，村里头就没人看笑话了，没人捣乱了，村干部的威信也树立起来了。最开始村里的会议是我主持，后来我就让他俩主持了。党务工作主要由支书管，日常村务就主任管。接下来支委委员、村委委员，都给分开工。管护林的，就是那个老支书。还有个种地比较好的村委委员，是个老人，让他管农业、种地。马黑女是咱村唯一一个女支委委员，让她管宣传、卫生和妇女工作。

贫困户的产业扶持把 20 个贫困户就都覆盖了，7 个五保户那是政策兜底的。蓝天合作社之外，还有"千户万鸡"工程。一家有"庭院经济"，再有就是养殖场，一家发的 30 来只鸡。鸡下蛋，蛋孵鸡，这个也有些收入。再一个就是国家给贫困户补贴养牛，1 头牛给补 3000 块钱，有 3 户。去年已经买了 2 头乳牛的，今年大部分是成了 4 头牛，1 头就是 8000 块钱。做乡亲们的思想工作，

张贤明在征求老干部的意见

我就是晓之以理，动之以情，让大家从心里头理解我们的工作，支持我们的工作，跟上我们走。我来以前贫困户是 25 户，动态调整成了 27 户。今年正月，1 个五保户去世了，现在是 26 户 53 人，易地搬迁了几户，在村里头现在还有几户。我明年 8 月份就任期满了，到时肯定可以顺利完成任务。

当第一书记以来，我盘算起自己做的这些来，心里还是觉得挺安慰的。我曾经和乡亲们交心聊，我说，我到这个地方，一不图钱，二不图官。我俩娃娃都工作上了，我老两口挣的工资，我还开了诊所，没啥压力。我 50 岁了，啥也不图。我就希望等我 80 岁，我那姑娘扶上我说，大，你想到哪儿去？我说水草沟还扶了两年贫，去看看那个地方。到时候来了，大家伙记得我就行了。

我想，作为共产党员就应该是想着怎么贴近老百姓，怎么为老百姓做事。做工作不应该是为了标榜个人，为自己谋个什么。

我就是觉得人活一辈子，应该踏踏实实做些事。我也讲不出太多大道理来，就是觉得应该这样。只要你想办事，那么在工作中多思考、多总结，就一定能把事办好，把工作做好。

宋家沟变成3A级景区了

走进宋家沟，青砖灰瓦、木屋泥墙的景象映入眼帘。现在的宋家沟已经成为远近闻名的3A级旅游景区。村里的老百姓说："总书记的嘱托，我们一定会牢记。我们要撸起袖子加油干，把宋家沟建设得更美丽。"

我叫游存明，今年55岁，是土生土长的宋家沟人。在我20岁的时候，就被选为宋家沟的村委会主任；2014年，我再次当选宋家沟村委会主任。

宋家沟村现在有136户390人。相对于乡里别的村庄来说，宋家沟还是比较大的一个村庄。宋家沟村也是宋家沟乡政府所在地，整个宋家沟乡面积为92平方公里，辖9个村委会，共有5800多口人。在我记忆中，宋家沟村就有乡政府，还有粮站、医院、供销社、邮政所、工商所、信用社、税务所、兽医站以及人民公社等机构，宋家沟享有比较便利的条件。

宋家沟村人祖祖辈辈以受苦（受苦：劳动）为主，村里的耕地以平地为主。我小的时候，老百姓就是以种地为生，人们也愿意种地，很少有人外出。我小时候村里有小学、初中、高中，但那时候老百姓吃饭都吃不起，念书没几个能念成的。后来村里条件渐渐好起来，学校里面的娃娃也多了点，有了十几个娃娃，老师也有几个，但是娃娃们读书出色的很少。而我在我们村从小学读到初中，高中去了县城上学。高中毕业后，因父亲有病，再没有念书。为了供两个弟弟上学，我就开始在村劳动。回村后，最难忘的就是村里吃水难的问题。夏天到500米外的河里挑水，冬天得跑到2公里外的地方拉水吃，有时候不得不砍冰融水。

这些年，从中央到省里、市里、县里，再到乡里，都在帮扶宋家沟。产业方面，为了发展蔬菜种植，在上级政府的扶持下，2009年我们村建了15个大棚，2011年建了23个大棚。每个大棚都是由蔬菜种植区、供人居住的房屋以及牲畜圈舍构成，这实际上是一个集生活和生产于一体的小型农场。

党的十八大以来，国家更加重视深度贫困地区的脱贫工作，很多生活有困难的人都得到了帮扶，尤其是对于精准贫困户，帮扶的力度更大。2013年建档立卡的时候，村里精准贫困户是47户128人。2015年，省政府颁布了"八不进"政策。"八不进"主要淘汰了一批不属于贫困户的人群，剩下了25户精准扶贫户。

2016年，县政府决定对宋家沟村进行改造。对村庄改造，首先涉及的是拆迁。那个时候，村里还破破烂烂的，由于年久失修，很多房屋都倒塌了。当时如果有人想买这些房子，价格很便宜，一间房子也就几千块，一处院子一万多块钱就可以买到手。房子便宜是因为人们觉得村里房子没什么价值了。

2017年2月5号，我去县里开会。在这次会议上，县委、县政府以文件的形式，正式传达了宋家沟要进行整体改造的事情。

发展大棚种植，巩固搬迁成果

回到村，我就积极开展准备工作。一周后，也就是 12 号，我就开始宣传县里的政策，同时做乡亲们的思想工作。

村里的房子大致可以分为三类：一类是早已无人居住经过改造后还可以居住的房子。针对这类房子，就需要国家出钱，把房子买回来，分给搬迁到宋家沟的搬迁户。另一类是无人居住破烂得太厉害、改造起来难度很大的房子。针对这类房子，主要就是拆除。拆除，就需要给房主经济补偿。第三类是需要改造的房子，这类房子由国家出钱，实施起来难度不大。

涉及房屋拆迁，做起工作来就很不容易。有的老人不懂政策，以为是忽悠他们；还有的人漫天要价，原本他的房子也就是三四千元，一听到要拆迁或者回收，就要三四万元了。反正，各种情况都有。在当时，我秉持的方针就是一切要按照政策来，先易后难。首先就动员村子里有威望的人率先拆迁，村民们看见这家都拆了，很多也就签字同意拆除了。针对改造或拆迁起来难度较大的户，我就和县政府的领导一起上门做政策宣讲和思想动员。一次动员工作不行，就再次进行动员。多次下来，人们的思想上有了改变，拆迁也就能开展了。

在动员村民签协议的同时，中国乡村建设研究院的专业团队也进驻了宋家沟。整个宋家沟的规划、设计、实施，都是由这个专业团队负责。乡建院团队首先对我们村进行了航拍，然后一家挨着一家进行拍摄，并测量面积，按照补贴政策计算补贴金额，接着，村民在合同书上签字。与此同时，登记村民银行卡号、身份证信息，政府很迅速地将补贴款打到了村民的银行卡里。这个程序一环扣一环，进展得也比较迅速。从 2017 年 3 月 18 号开始，对村里房子进行测量，并且签订合同，到了 22 号的时候，这项工作就基本上结束了。

测量完成以后，乡建院的专家们依据房屋的破旧程度，经过反复研究和测算，最终将宋家沟的房屋改造制定为改造、拆毁、新建三种方案。其中改造房屋过程中的补偿比例是：无人居住的房子是每平方米 150 元，砖混结构的房屋是每平方米 250 元，砖混结构且是瓦房的每平方米 300 元。但是改造有时候比重建都费时间，因为很多房屋破损很严重，在施工过程中稍有不慎就倒塌了，最后没办法，只能把房屋彻底推倒重建，这样一来成本就增加了。

宋家沟村改造涉及的范围大、户数多，单靠村里不可能完成。为了按时完成任务，啃下这块硬骨头，县里、乡里的领导同志都铆足了劲儿。去年 4 月份，负责宋家沟改造的县乡村三级干部起早贪黑，早出晚归。那段时间，我们每天清晨 6 点钟就到了工地，晚上 12 点以前都睡不下觉。县里的一位副县长岳保和，他是宋家沟改造的直接负责人。他起得更早，凌晨 5 点就从县城赶到了宋家沟，可辛苦了。每天工地上大事小事一大堆，真的是很辛苦，但是为了早日完工，大家齐心协力，没有一点怨言。

在村庄改造期间，贫困户搬迁的前期工作也同时进行。搬迁到宋家沟的村子总共有 16 个，即南沟、马跑泉、沙坡子、牛碾沟、甘沟、燕家村、程家村、安子、偏道沟、东沟、吴家岔等。这些村庄村小人少，位置偏僻，不搬迁很难脱贫。改造工程一结束，马上搬迁入住，陆陆续续搬下来的就有 145 户 265 人。搬迁的同时，户口问题也得到了妥善解决。整村搬迁的，就把全村的户口迁到了宋家沟；不是整村搬迁的，就根据意愿，户口可以在原来的村里，也可以迁到宋家沟。

2017 年 6 月 21 日，总书记来到宋家沟视察。在宋家沟，总书记到易地搬迁的贫困户张贵明家里走访。从张贵明家出来后，总书记在三棵树广场接见了村民，还和大家握手。总书记和我握手的时候，我激动地对总书记说："欢迎总书记来我们宋家沟。"总书记说："好好好！"总书记在宋家沟待了约 20 分钟，走的时候发出了"请乡亲们同党中央一起，撸起袖子加油干"的号召。

说起总书记到宋家沟，我现在都很激动。和总书记握手的那一刻，我的感触就一句话："所有的辛苦都值了！"直到现在，每每提起总书记来宋家沟村视察，村里的老百姓就会说："我们一定会牢记总书记的嘱托，我们要撸起袖子加油干！"

这一年来，宋家沟可真又变了个样子。截至 2018 年 4 月份，搬下来的村民总共有 1058 人。现在的宋家沟人多了，居住条件越来越好，出行也越来越便利。这些好处，易地搬迁的贫困户感触最深。来到宋家沟，首先是解决了住房问题。这意味着"两不愁、三保障"中住房有了保障。其次是吃水问题得到了妥善解决，现在家家都有了自来水，再也不用为吃水发愁。再者就是医疗问题，搬下来的贫困户以老年人居多，这个群体大多腿脚不便，他们最关心医疗条件，而在宋家沟中心村，有卫生院，医疗设施配备较为齐全。现在，宋家沟村的人都有了医疗保障，就说最常见的高血压之类的慢性病吧，都有了长期性保障。如果是贫困户，卫生院还免费定时送药，定期上门检查病情。此外，现在的医保报销比例也很高，在乡里的中心医院，报销比例达到了80%—85%；在县城的医院看病，也能达到百分之六七十。

搬下来以后，娃娃们念书也方便多了。这几年省总工会投资了几百万元，对宋家沟小学进行了大的改造。现在，娃娃们的教室、活动室焕然一新。随着办学条件的改善，娃娃们也多了起来，现在学校有五六十个学生了，前几年学校只有十几个学生。对咱宋家沟学校的学生，省总工会还发了统一的被罩，发了春天的、夏天的、冬天的三套衣服，还给部分娃娃们补贴了往返学校的路费。

现在，娃娃们念书也得到了国家的大力支持，岢岚县政府也加大了教育投入，尤其是近几年的"雨露计划"，受益面很大，具体是：本科生每年补贴4000元，贫困户5000元；专科生每年补贴2000元。另外，县里还给农村户口的小学生、初中生，每人每年补贴500元，高中生每人每年补贴1000元。总的来看，只要娃娃想念书，政府肯定不会因为家庭没钱而让孩子辍学。

为了便利老百姓的生活，在宋家沟村改造建设的过程中，专门规划了一个饭店，就是村委会边的兰花花餐厅。现在，兰花花餐厅成了村里低保户就餐的主要场所。餐厅饭菜卫生干净，价格便宜。具体来说，村里 65 岁以上的低保户一天交 3 元，65 岁以下的交 6 元钱，就可以在餐厅就餐。同时，兰花花餐厅也给咱村里人提供了就业岗位，做饭的、洗碗的、炒菜的都是咱村里的。

兰花花餐厅的产权是村委会的，具体由本地的一个叫阎云生的老板经营，阎老板通过这种方式来回馈村民。除了服务本村村民外，兰花花餐厅还为外来游客提供服务。

总书记来宋家沟考察，对宋家沟是一种激励，更是一种宣传和带动。就说去年吧，因为总书记的到来，客流量很大，全年接待了六万多人次，来餐厅就餐的人自然也多了。今年春节过后，每天都有上千人来宋家沟参观，停车场的车太多了，停不下，很多车就放到了街上。夏天是旅游旺季，加之这里凉爽，来的游客就更多了，今年预计会有十多万人次的游客来宋家沟。这就是总书记来岢岚、来宋家沟影响的一个方面。

对于搬迁户来说，不仅住房有了保障，而且有了收入保障。生活便利了，出行便利了，而且政府还积极想办法，为他们安排工作，有 9 人当了保洁员，工资为 800 元一个月；有 7 人当了护林员，工资为 900 元一个月。这些岗位优先选用的是上了年纪的贫困户，让他们搬得出，稳得住。

过去这一年，宋家沟的林业合作社也发展起来了，推动农民增收。合作社有三个重要功能：第一是把老百姓组织了起来，形成了村落的凝聚力；第二是通过植树造林、退耕还林，改善了周边的环境；第三是提高了老百姓的收入。村里很多人都加入了林业合作社，现在，在林场工作的有 150 多人，主要工作就是挖坑、浇水、栽苗，一个人一天可以赚 100 多元。

为了帮助村民发展产业，2017 年 4 月 20 日，村里正式成立了惠农合作社。除了上级相关部门拨付的资金外，合作社还采取了村民自愿入股的方式筹措资金，最后筹集到股金 25 万元。一年来，合作社有了一些收入，这些收入最终回馈了村民，分别给 80 岁以上的老人、老干部，参加过抗日战争、解放战争的退伍军人，每人发了 200 元。通过成立合作社，一方面，巩固了集体经济；另一方面，也使得更多的村民受益。

总书记来过以后，宋家沟出了名，就是一个无形的品牌，前来参观学习的人络绎不绝。尤其是去年，机关单位的、个体企业的，还有散客，来了很多很多。就说去年 10 月吧，有一个大企业组织员工来宋家沟参观，第一批次就来了十辆大巴。游客的到来带动了村民的收入，就以特产店为例，那一天光卖茶叶、蜂蜜、小米、黑豆这些，营业额就达到了两万多元。同时，咱村的四个超市以及摆摊摊的收入也增加了。

脱贫首先得解放思想，自己积极行动起来。要解放思想，就得多学习，凝聚人心。现在，村里定期组织村民学习中央决策，同时还办各种培训班，让老百姓多掌握些生存技能，尤其是要想办法让这些搬迁户搬得出，稳得住，能致富。

宋家沟是中心集镇，村大人多。去年总书记到来后，宋家沟也成了名村了。有了这些基础，宋家沟发展旅游业是一条出路。对于村委会来说，现在重要的工作就是谋划旅游业。要发展旅游业，眼下还有很多困难，主要是旅游基础薄弱，旅游景点少，游客在宋家沟半个小时就参观完了，现在最要紧的就是要谋划如何留住游客。要留住游客，有三个办法：第一是要在宋家沟多建造一些景点。第二是宋家沟紧临岢岚县的母亲河——岚漪河，岚漪河对面的山上有宋长城，可以搞观光旅游。同时，山区气候宜人，夏天不热，是个很好的避暑胜地。有山有水，这是发展旅游得天独厚的条件，可以打造"一村、一河、一山"这样的宋家沟旅游品牌。第三是将岢岚县的景点捆绑起来，形成"宋长城—毛主席路居馆—宋家沟"这样的旅游路线，只有这样才能留住游客，而不是只在宋家沟待半小时。

此外，还要练内功，也就是要提升宋家沟的接待能力和服务质量。就说去年国庆节吧，来宋家沟的游客很多，两辆大巴上下来一百多个游客，咱们短时期的接待能力马上跟不上了。还要将民宿纳入整个宋家沟旅游管理的范围内，要通过一系列的措施来对其加以规范，提升服务水平。

旅游不外乎吃、住、玩。刚才说了住和玩了，现在再谈谈吃。吃不是说吃饱，而是要吃出文化、吃出品牌来，这就要注重当地特色的挖掘。我们要把村里人的豆面、莜面等特色产品推广出去，同时还要挖掘一些新的品牌。现在存在的主要问题是地方的这些东西没什么知名度，下一步就需要在这些问题上动脑筋，不仅能让游客吃饱、吃好，更重要的是让游客吃了就记住宋家沟，并且还想再来。因此，宋家沟发展旅游，包括进行旅游规划，引入外来资金、引入外来的管理团队等，前景广阔，任重道远。

如今走进宋家沟，映入眼帘的是青砖灰瓦、木屋泥墙、小桥流水的美丽景观。对比之前年久失修的房屋、坑坑洼洼的街道，

游存明在了解五保户的生活状况

人人都会由衷地感叹："看，宋家沟变了样子！"这些变化与党中央的好政策密切相关，更与总书记视察宋家沟分不开。一年来，每当回忆起见到总书记的场景，我的工作热情和干劲儿就更加足了，每当想起总书记发出的"请乡亲们同党中央一起，撸起袖子加油干"的号召，我的身上就有使不完的劲儿。

这一年来，宋家沟发生了翻天覆地的变化，如今宋家沟人的眼界越来越宽阔，村庄也越来越美丽，一个"生产发展、生活宽裕、乡风文明、村容整洁、管理民主"的社会主义新农村已经呈现在人们面前。我愿意带领乡亲们在乡村振兴、实现美好生活的路上，再出一把力，再使一把劲儿！

干部干在前，群众跟在后

赵建光，2015年9月—2018年1月任阳坪乡乡长，现任岢岚县扶贫开发中心党支部书记。他在阳坪乡工作期间，尤其在脱贫攻坚过程中，从建档立卡到易地搬迁，从集镇建设到村庄复垦，他都有着亲身的经历。他经常说的一句话是："干部干在前，群众跟在后。"

在阳坪乡任职期间，我有幸亲身经历了习总书记深入赵家洼村视察调研。总书记与贫困群众、驻村帮扶干部亲切交谈，嘘寒问暖，关心他们的生活起居以及对各级干部寄予的深情厚望，对我来说是一种极大的鼓舞，更是一种鞭策。作为一名基层干部必须倍加珍惜，倍加努力。

习总书记在视察山西重要讲话中指出，解决深度贫困，要有深度举措，整村搬迁是解决深度贫困的有效办法，实施整村搬迁要规划先行，尊重群众意愿，统筹解决好人、钱、地、房、树、村、稳七个方面的问题。为全面破解这七个问题，加快推进赵家洼村以及和赵家洼村一样的小村、穷村的整村搬迁，让深度贫困人口早日脱贫，由县委王志东书记主抓，县领导一班人针对全县村多、村小、村散、村穷的情况全面调研。我先后在赵家洼村和乡亲们一起吃住五十余天，逐户了解掌握群众意愿，反复进行思想沟通，耐心解读各类政策，让他们消除顾虑，和干部拧成一股绳，共同发力，真正实现让搬迁群众搬得出，稳得住，能致富。在解决好移民安置的同时，结合产业就业帮扶、生态扶持、教育扶持和兜底保障等脱贫措施，因户施策，多措并举，增加搬迁群众可持续收入。

先说整村搬迁。目前，阳坪乡的整村搬迁工作有了很大的推进。整村搬迁共安置19户36人，其中贫困户17户31人，一般户2户5人。安置的主要方式有三种，其中在县城广惠园小区集中安置了12户29人，在阳坪中心集镇集中安置4户4人，通过投亲靠友分散安置3户3人。搬迁后，回购房屋23处，拆除21处，复垦耕地40亩。复垦后种植油松的同时还套种了中药材，现在去赵家洼，就能看到地里还挂着标识牌，上面写着牡丹、柴胡等名字。

搬迁以后，要考虑安排好老百姓的生产、生活，产业、就业扶持很重要。我们通过光伏扶贫带动9户，每户年增收3000元，连续享受25年；通过"五位一体"金融扶贫带动7户，每户年增收4000元，连续享受3年；安排公益性岗位2人，每人每年增收12600元；企业务工3人，每人每年增收25000—30000元；通过技能培训就业3人。

再一个就是生态扶持。2017年退耕还林474.7亩，其中贫困户退耕139亩，每亩增收1500元，分5年付清；安排贫困户护林员2名，每人每年增收9600元；加入造林合作社2人，通过

阳坪特色风貌整治现场

劳务和合作社分红增加收入。还有教育扶持。赵家洼村共有三个贫困学生，一个在天津职业技术学院上专科，就是曹六仁家的女儿，享受了"雨露计划"帮扶。还有两个是智障儿童，就是王三女的两个孙子，在忻州特殊教育学校上学，政府给他们解决了学费、生活费，还享受了孤儿补助。最后就是兜底保障。享受五保4人、低保11人。

通过这些帮扶措施，结合整村搬迁后的"四个全覆盖"（退耕还林、荒山绿化、土地复垦增减挂交易、光伏项目）的完成，完全可以实现稳得住、可持续的效果。

在脱贫攻坚过程中，我们在做好建档立卡、动态调整、走访入户、信息核对、易地搬迁和产业就业帮扶等常规工作的同时，重点推进了阳坪中心集镇（移民安置区）的建设。这个工作县里安排由县政协副主席高常青负责，在阳坪乡同乡镇干部一起攻坚克难。推进过程中，县里王书记和侯县长也都多次到现场办公，指导工作，解决难题。

在推进阳坪中心集镇建设的过程中，为了让搬迁群众早日住上新房，我们利用80多天的时间，每天白天进村入户，精准锁定愿意迁入阳坪中心集镇的户数、人数，耐心解读搬迁的政策、搬迁的好处；晚上加班加点和县乡村干部一起研究分析，按期完成了54户89人迁入群众的新房建设，其中1人户32套32间、2人户14套28间、3人户3套9间、4人户5套20间，也就是人均1间房，户均1个院，人均房屋面积不超过25平方米。同时还规划新建了1处五保户集中养老中心。在中心集镇建设的同时，也对旧村的房屋院落全部进行了特色风貌整治，共整治了80余处个户和10余处公共建筑，同时完善了硬化、绿化、亮化和公厕、浴室、污水处理站等基础设施和公共服务设施的建设。

作为乡镇干部，在和老百姓打交道的过程中，首先，我们必须把感情投入到位。其次，必须把政策吃透。再次，对老百姓要有耐心，针对老百姓不明白的事情，要反复、多次地解释。每个老百姓的性格都不一样，有些时候、有些事情，光靠想法和辛苦还远远不够，必须有足够的耐心和足够的情感投入才能办成。就说整村搬迁这个事情吧，我们干部虽然没明没夜地干，逐户上门和搬迁户交流沟通，积极动员，但是老百姓肯定有顾虑，这个很正常。你想想，他们世世代代在那个村居住，我们去动员人家搬迁，他们一开始肯定会有很多顾虑，这就需要我们给群众反复地讲，摸清他们的意向，到底是选择到县城还是要到中心村居住。把到县城、到中心村和分散安置的补偿标准都详细地给群众讲清楚，只要辛苦、感情到位，工作也就好做了。截至目前，阳坪乡共搬迁了 18 个整自然村。

我是赵家洼整村搬迁的参与者，也是阳坪乡，乃至岢岚县近年来变化的见证者。在全县各项工作的推进过程中，岢岚的干部齐心协力，以上率下，一级带着一级干，干部群众拧成一股绳攻坚克难。在此过程中，也涌现出很多令人感动的事情。

我印象深刻的是在推进赵家洼村土地复垦绿化的过程中，100 多名干部群众并肩奋战，一起劳动，一起推进，短短 10 天的时间，拆除房屋院落 21 处，复垦耕地 40 亩。复垦后种植油松，套种了中药材。在这期间还整整下了 3 天雨，即便是下雨，我们也没有休息，干部群众都穿着雨鞋、披着雨衣劳动。中午不回家，晚上也在干，热火朝天。大家保持集体主义、乐观主义的精神，顺利完成了复垦绿化工作，为搬迁工作画上了一个圆满的句号。

这期间赶上中秋佳节，正值月圆团聚时分，大家在工地吃着月饼，喝着矿泉水，没有半点怨言。乡亲们深受感动，对我们讲："我们有时候感觉实在是干不动了，但是又看见你们干部也这么辛苦，不回家、不休息，和我们在一起，我们就是再熬再累也要接着干。"

还有就是在搬迁过程中，帮助群众干农活、挑水、搬家、陪床看病、接送老幼等，都体现出我们全县上下凝心聚力、践行使命的浓厚情怀。也正是这种干群合一、齐心协力的氛围，使各方面工作得以顺利推进。复垦工作结束回到家后，我和妻子说，如果再过十年八年以后，坐下来想想在赵家洼村搬迁、复垦的整个过程，那也是一种美好的回忆。

岢岚的巨大变化，与县委、县政府的正确领导密不可分。如今，

赵家洼土地复垦现场

县领导天天到现场，在一线指导工作，解决问题，晚上也经常工作到深夜。他们这种榜样的带动、情感的影响，为全县上下营造了一种"干部干在前，群众跟在后"的浓厚氛围，这是一种汇聚力量、真正干事的氛围。

去年 6 月 20 日一大早（山西省 2017 年中考时间安排在 6 月 20 日—22 日），王书记突然给我打电话说："你安排媳妇去陪孩子考试吧，不要分心，全力推进工作。"我一下子还没反应过来，王书记说："你姑娘不是今年中考吗？"我一下子才想起今天是中考的日子。我说："书记你放心，我在一周前已经安排好了，工作不误事。"我一直纳闷，王书记是怎么知道我姑娘今年中考的呢，我没有跟任何领导提起过我姑娘中考的事呀。从这件很小的事情中可以看出，领导对我们乡镇干部的体贴和关怀，真的很感动。作为党员干部，所能做的就是把自己的工作做好，要对得起组织，对得起群众。

在阳坪乡任职期间，我有幸赶上了总书记来岢岚视察，也有幸参与了脱贫攻坚这项伟大的工程，也是这段历史的见证者。在以后的日子里，我会一如既往，扑下身子，全身心地投入到脱贫攻坚等各项具体工作中去，以实际行动回报总书记对岢岚广大干部的期望。

不能放松，抓紧往前走

徐亮亮，宋家沟乡吴家岔村支书。整村搬迁后，部分居民安置到了宋家沟。搬出来以后，他还是和原来一样负责管理吴家岔村的事务。他不仅带着乡亲们搬出来，而且还要带着乡亲们富起来。

我的工作情况很简单，就在这扶贫战线上长年累月跑，看贫困户发展产业中有甚困难需要帮助，哪户的资料不全、不准，需要完善等。我们村现在贫困人口有 44 户 93 人，我们准备 2018 年全部脱贫摘帽。

我们这个村姓吴的多，因为村口就是个三岔路，所以就叫吴家岔。以前村里吃水全是泉水，当时是用的毛驴驮水呢。后来县乡两级帮助解决了吃水难题，用泵抽上水，直接泵到院里了，吃上了自来水，这个泵现在还能用。我们村吃水好、路好，但流失人口多，留下的平均年龄是六十七八岁。

这两年国家对我们村的扶贫力度很大，驻村干部在咱这里进行帮扶、对接，什么也做。

易地搬迁，确实给老百姓办了一件大好事。我们村子是去年整村搬迁的，原来户籍上是 124 户 268 人，搬到宋家沟的有 40 户，还有一部分是到县城去了，剩下的就是分散搬迁的，有 29 户 73 人。移民安置房，是一个搬迁户不超过 25 平方米，一家有 2 个人，就可以在县城广惠园买到 50 平方米的楼房。我是同步搬迁，还得出个 10000 来块钱。村里搬迁的时候，帮扶干部和乡村干部组织雇车帮助搬迁，因为村里全是老年人了，搬不动家具。要没有帮扶干部和乡村干部的帮助，我们还真搬不了。

搬出来以后，我还是和原来一样管我们村的事务。政府给我们吃了定心丸，我们继续干 3 年，待遇还是和以前一样。党员的组织关系也迁到宋家沟了，这儿有党员活动室。吴家岔村搬过来 13 个党员，加上其他村搬迁到宋家沟村的党员，共有 60 多个党员，经常坐在一起学习政策、学习党的十九大精神。

搬到这边咱家里生活条件好多了。现在厨房既能用电，也能用柴火，一般是蒸个馍用一下电锅。炕和灶隔开了，还买了大衣柜，家里卫生条件也好多了。用的全是自来水，一拧水龙头就有水了。卫生间用的冲水马桶，买了自动洗衣机。我家还安了暖气，暖气是自己烧，政府给补贴 200 块钱。一烧这个炉子，几个房间全暖和了。

宋家沟有卫生所、中心医院，有救护车，平时老百姓有个头疼脑热，看病买药也方便；紧急的话，有救护车送。我也有小车，也可以送他们。看病政策不错，从去年就给精准贫困户免费交医疗保险了。普通人的医疗保险也全不用他们负担了。在我们村集体有个资金，医保全是集体给交的。正常交的话，一个人就是 380 块钱。村里养老保险也全部到位，年年都是集体交，办上十来年了。要是到了 65 岁，一个人能领到一千来块钱。

搬到这儿以后，为了解决老百姓的后顾之忧，政府给我们村安排了 5 个清洁工岗位，老年人可以通过打扫卫生挣钱；安排了 8 名护林员岗位，一个人一年能领 9600 块呢。

我们村搬迁以后，土地、林地所有权还是村民的。这两天我在搞土地复垦。复垦了以后土地还是咱集体的，土地上的产业还是农民的。现在村里面多数人赞成土地流转，一亩地 200 块钱，价钱可以，也有人还想继续种地，咱们就大力推广种植药材，增加经济效益。

我们村移民过来的现在基本上都回去种地，没有其他原因，就是种惯了，舍不得那地。就像我们家搬到这以后也还种地，宋家沟村离我们那就是六公里半，我有农用车来回跑。我们村里边还留有临用房，是专门给老百姓留下的劳动用房，回去种地中午可以在那吃干粮，刮风下雨也有个去处。

脱贫致富光靠耕地是不行的。就得走现在这路子，整村搬迁、移民、土地流转。这土地流转种药材最合适了，种药材等经济作物，收益不少。每亩药材能收入五六百块，这个收益就归集体了。攒了钱给老百姓分红，搞点公共事业，比如老年人大病救助这类的。每个地方种的药材也不一样，我们村种的药材有板蓝根、黄芪等。种药材是绝对可以的，这个路子是完全走对了。

咱带着老百姓搬出来了，还要带着他们好好发展。来宋家沟旅游的人多，旅游将来肯定会有大的发展，搞点小买卖，办个农家乐。山下的土地全部流转，种一些采摘水果。景点开发好了，就可以带动农家乐发展。

　　我们成立了养羊合作社，养了 400 只羊。每年年检，乡里的干部帮我检。在网上检呢，营业执照也是一年一检。那些羊每年过年都给免费打防疫针。这个合作社组织村民发展养殖、销售。办合作社有政策优惠，不用纳税，还给贷款，补贴饲料。销售的时候，乡干部和驻村工作队帮我找货主，我一点都不担心。

　　今年我们又成立了个沙棘合作社，带领村民种植沙棘。沙棘用途也可广了，沙棘粒可以榨汁，沙棘枝可以粉碎了做羊饲料，带动咱养羊合作社。

　　离我们这一里路正在建沙棘工厂，这个工厂是做沙棘口服液的。老百姓靠沙棘每年收入可不低呢，每天上山采沙棘，一个人一天平均能挣 500 块钱。我们那村后边全是成片的沙棘树，一家人一天上山采摘，能挣 2000 块钱，收益挺高。去年沙棘是一斤一块钱，最后涨到一块五。沙棘那是好东西啊，吕梁山脉这一块的质量好些。但是只当原料卖，收入还不行，我们要自己把整个产销都抓在手上，这样收益才会最大化。我们村集体经济可以，分红就是按年龄分，年龄大的多分点，年龄小的少分点。

　　我们村今年就全实现了"两不愁、三保障"，到我们这儿全部保障了，我们村全部达到这个水平了。今年房子就基本全有了，都搬到县城、中心村住了。这个房子看着小，全是正房，而且发证；县城里住那个楼的，也全是发证的，这个房子质量保证了。我们村虽然不大，大学生可不少，教育全能保障了。小孩念书，只要是精准贫困户，都不要钱，县城里边念书也不要钱。念大学的精准扶贫户有"雨露计划"帮扶。

去年 6 月份习总书记来了，我们心里那个激动就不用说了。习总书记号召乡亲们和党中央一起，撸起袖子加油干！这些给我们干部群众很大的鼓励。从那以后，来旅游的就更多了。人多了，就繁荣了，在这个村里头做小买卖也挣钱啊！

咱们这地方以前是穷地方，现在变得富裕起来了。习总书记来了咱们这地方，给老百姓带来了精神气，农村懒惰的人少了，家庭闹矛盾的基本上也没有了，大家你帮我，我帮你，精神面貌就都不一样了。

以前，大家认为，精准扶贫也就是给点钱、给点东西就完事了。结果通过这个整村搬迁，我们都沾了光了。我们村通过整村搬迁，大家都住进了新房子，这下人们才认识到精准扶贫是实实在在给老百姓办实事的，老百姓才理解了。

党和政府让我们的生活有了保障，要过得更好还得靠自己呢，我们也要做事。我们村这两天就开始抓楼（抓楼：抓阄选楼房）了。我们早就想好了，我提议大家统一写个自愿脱贫的申请书，咱就自己脱贫，自己干吧，不要总靠政府了。我们村有个驻村工作队，省总工会在我们村帮扶呢。我今年和他们商量把养殖再扩大一点，把我们村剩余的 44 户贫困户全部带上。今年准备买点绵羊，让他们自己喂。他们自己得劳动，不能全靠政府和村里帮扶。要让他们知道自己不主动，是致不了富的。

现在我们有了房子了，教育也保障了，医疗也有保障了，但我们不能放松，还得抓紧。农民搬出来，还得发展，生活怎么能过得更好？我们村有了产业，发展了两个合作社，还准备搞光伏扶贫、"五位一体"金融扶贫、精准扶贫，全部都能带动了。

易地搬迁后，有了好条件、好政策，吸引了一部分年轻人，想回来发展。他们回来以后有想搞养羊的，有想搞运输的，全和我探讨过。我和他们说，只要你们有技术，资金村里给你们出了。只要政策好，这些人还是愿意回来的。他们在外头打工也没技术，挣不了多少钱。在城市压力也大，娃娃上学也贵。我的想法就是只要你肯努力，有想法，有技术，农民也能干出一番事业。不光年轻人，村里老年人也要发动起来。我们这还能种烟叶，烟叶产量大，还最好种，我们打算扩大规模，发展成产业。还有些老人会剪纸、做面人、做鞋垫，我就考虑把这些都做成手工艺品。以后旅游的人多了也可以卖，就是要把全村人发动起来。

我们前天晚上开了脱贫会议，今年的措施主要是搞药材种植，下一步就是产业带动，搞畜牧业、旅游业，开饭店，基本生活就没问题了，得从这方面发展呢。

我的想法就是，我们不能只是局限于脱贫，脱贫以后我们老百姓还是不能放松，要抓紧往前走，要靠自己的双手致富，乡村振兴的事还好多呢。

不走的工作队

用心去爱

　　梁鑫爱，现任阳坪乡扶贫工作站站长。她说，在乡镇工作确实不容易，移民搬迁、产业发展、贫困户的生产生活、脱贫意愿等问题，都需要深入群众，了解群众，认认真真地去做，都需要你把贫困户当成亲人去对待，用心去爱。

　　我在阳坪乡工作十几年了，对于乡里的情况十分熟悉。就说这175个贫困户吧，你一说名字我就知道是哪个村的、他家几口人，他家的基本情况我能说个八九不离十。和贫困户见面多了，具体情况就都了解了。总的来说，就一句话：乡镇工作就得扑下身子去做。

　　我从2014年开始就分管扶贫了，对扶贫工作比较了解。阳坪是从2014年5月份开始建档立卡，精准扶贫。实际上，那时候我们还没有真正理解精准扶贫的意义。2014年5月份开始识别建档立卡贫困户，县里头下了文件以后，我们就按照程序把贫困户给识别出来了。通过农户申请，我们核查，村民评议，然后公示，公示无异议后上报乡政府，最后上报扶贫办。通过这些程序，贫困户大体就识别出来了，这是 2014 年的工作。贫困户识别出来了，需要帮扶了，我们就想办法进行帮扶，当时帮扶政策相对来说不多。2015 年底，开展了建档立卡"回头看"，这个建档立卡"回头看"在脱贫攻坚中具有重要的地位。也就是从那个时候开始，我们完全按照"八不进"的标准进行贫困户精准识别。已经识别了的贫困户，也要重新"回头看"。"回头看"就是符合条件的保留下，不符合条件的就从贫困户里面剔除出去，把真正穷的再识别进来。

2014 年脱贫了一部分，2015 年又脱贫了一部分，剩下的就是精准贫困户了，也就是建档立卡贫困户。按照政策，2016 年我们又把贫困户整个都过了一遍，基本上就做到了精准识别，这一年的贫困户相对来说就更多了。

建档立卡贫困户除了 2014 年、2015 年脱贫的外，2016 年又重新进行了建档立卡贫困户"回头看"工作。对于那些没房的、住房条件比较简陋的、条件不好的、生产生活条件落后的，也就是所谓的"一方水土养不了一方人"的贫困户，就可以享受移民政策。"十二五"期间享受的移民建房补助最多也就每人 4300 元，"十三五"期间也就是 2016 年开始，一个人可以享受 25000 元的建房补助。县城的广惠园盖了那么多楼，主要就是为这些搬迁户居住。

我所在的阳坪乡，采取了多种方式扶贫。有的是通过组建合作社的方式把贫困户都组织起来，然后按照收益进行分红；还有就是通过企业带动的方式。例如我们县周通农业生态有限公司采取了"借鸡还蛋"的做法，免费给贫困户提供母鸡，下了蛋以比市场价高一块钱来收。还有就是改良马铃薯品种，引进新农作物，如富硒藜麦。还有就是补贴养羊、养牛、养驴户。有的要养鸡，咱们乡政府还给盖鸡窝。总的来说，为了老百姓早日脱贫，乡里也是想尽了一切办法。

山西省国土厅是阳坪乡的帮扶单位。省国土厅在阳坪乡实施了土地整理项目，例如新垫地、新增造地，这帮扶力度就很大了。在省国土厅的帮扶下，2016 年阳坪乡就造了很多地。造一亩水地市场上交易就是 12 万元，对于集体来说，这是一块很大的收入。

2017 年县里实行了包乡县领导、乡镇干部、包村干部，还有第一书记、驻村工作队，帮扶责任人"四天三夜"驻村工作制度，政府下了很大的功夫，千方百计为贫困户早日脱贫想办法谋出路。

大家热火朝天地干，阳坪乡的脱贫工作、易地搬迁取得了重大进展。阳坪乡一共是 9 个贫困村，2 年就有 5 个村脱贫了，现在就剩下 4 个贫困村了，2018 年要全部脱贫。按咱们全县的规划，2017 年全县规划要搬 115 个自然村，阳坪规划了 18 个自然村要搬。咱们 2017 年搬了 10 个，包括赵家洼村；2018 年又搬了 8 个；今年 4 月份，我们这 18 个自然村就全部都搬迁完了。

习近平总书记来岢岚视察、党的十九大胜利召开，这对于激励全县全乡干部群众脱贫意义重大。干部们经常说："习近平总书记来了以后，鼓舞了咱，咱的干劲就更大了。"县里的脱贫步伐也大大地加快了。

去年 6 月 21 号以前，岢岚这儿一点雨都没下。6 月 21 号那一天下午，开始下的雨。大家都知道，岢岚是靠天吃饭，水浇地很少，咱们的庄稼全凭天上下雨了。正好总书记来的那天下午，就开始下雨了。

老百姓说，马玉印陪着总书记在赵家洼井台前看玉米长势的时候，用手比画了那棵玉米，意思是说6月20来号玉米本来应该已经长得很高了，由于当时天旱缺雨，玉米长得比较低。

那些见过总书记的老百姓可能是开玩笑说，和总书记握过的手，我三天都不洗。不管咋样，老百姓也真个高兴，他们说以前总在电视上见了，这一辈子还能见到总书记，真个想也不敢想。对于岢岚县的党员干部来说，总书记的到来，鼓舞了士气，我们的干劲也大了，115个村也都搬出来了，阳坪18个村也都搬出来了。现在，我们就可自豪了，都说总书记到过你们村、到过你们乡。

这一年，岢岚县发生了翻天覆地的变化。就说赵家洼村民吧，他们从大沟里头搬到县城，一户一户搬出来还都有致富措施，不是搬出来以后致富就不管了。

为了做好搬迁工作，我们先做搬迁规划。做规划容易，可具体到搬迁，难度还是很大的。贫困户要搬迁，得先进行动员，动员老百姓搬迁。可是老百姓毕竟在这里生活了好几代了，一开始很多人有顾虑不想走。

在这种情况下，县人大驻村工作队和乡干部一起开展动员工作。从9月18号开始签协议，一户一户过，先签的是村里头的刘福有、曹六仁、王三女、李虎仁等常住户，后来逐渐地再签其他户。小赵家洼一共回购旧房23处，拆除21处，留下2处作为生产、生活用房。

建档立卡的时候，赵家洼是22户贫困户，2017年前有5户脱贫，因此精准贫困户有17户，这些户全部纳入移民搬迁对象。

梁鑫爱走访贫困户

当时村里面还住着一户名字叫杨玉才的，他不是贫困户。当时他喂了一群羊，相对来说过得还算可以。总书记来的时候，他去放羊了，没见上总书记。杨玉才是同步搬迁户，因为赵家洼那个地方属于地质灾害区，前期被省国土厅认定为地灾避让搬迁户，所以他走的是地质避让安置。他自己买的房子，政府按照地质灾害安置搬迁给他补的钱。此外，他还有旧房，旧房拆除了，政府还补了他一部分钱。根据县里文件上的标准，只要是村里面有住房的，拆除旧房就有补助，但是补助标准不一样，贫困户是一个标准，同步搬迁户是一个标准。再一个就是自然搬迁户，就是说他们在村里头有住房，不安置他们，但拆除旧房有奖励，这又是一种补偿方法。对自然搬迁户，政府奖励大房，1 平方米 140 元，100 平方米封顶。

从 9 月 18 号开始，我跟乡里的赵兴星，还有原来的乡长赵建光去村里签协议，我们三个去的赵家洼。白天签了村里一户贫困户，晚上又签了一户非搬迁户。最头疼的是赵家洼的一户，他已经在县城有住房了，本来政府给他补助村里的拆迁房就可以了，但是人家死活不同意，他想要安置房，但按照政策就不可能给他安置房。我们在他家从早上7点坐到晚上11点，他就是不吭气。后来，经过多次做工作，最后签了协议。

有一户叫周焕兰，女的，五十多岁了。她在县城有房子，她

梁鑫爱正与搬迁户签订搬迁协议

的儿子过得也挺好，在太原还开着店。10月3号，周焕兰从太原回来了，也是要安置房了。我跟乡里的民政助理何秋明，连续跑了两个晚上才说通，终于签下这协议。从9月18号开始签，到9月底吧，协议基本上就签完了。

有一户叫白河杰的老人，是宋木沟村的。宋木沟被规划为2017年整村搬迁村。这个村自然环境恶劣，吃水难、住房难。老白七十多岁了，老伴儿也去世了。一开始我动员他搬迁，他说啥也不搬，有时候还骂我们了。我就对他说："大爷，你要是实在

想不通，我带你去宋家沟。宋家沟新村已经盖好了，我带你过去看看。"

我们就雇了个车，把宋木沟、阳坪村的村民都拉上，去宋家沟参观盖下的房子。到了宋家沟，老百姓就说："这个自来水还能接在家里头，真个没想到！"对于咱们城市里的人来说，自来水不是个甚新鲜东西，但是对于吃水确实很困难的宋木沟人来说，自来水就是大事。宋木沟因为水质不好，在村跟前不能打井，因此，宋木沟的井在村外。对于老人们来说，半个小时都担不回一担水，而在宋家沟，自来水入了户，一拧水龙头就能流出水来了。老汉看到这自来水，可高兴了。后来说他愿意搬了，我们就把他安置在了阳坪中心村。

阳坪乡的王兰沟村，那村也不大，户籍人口是 50 户，实际常住人口也就十几户。其中有一个叫刘唤平的，由于丈夫赌博，前几年和丈夫离婚了，带着四个上学的娃娃（一个小学、一个初中、一个高中 、一个大学）。离婚后，她回到了王兰沟父亲家里，投靠了 70 多岁且多病的父亲刘希兔。

刘希兔、刘唤平，再加上四个孩子，这就是六口人了，按政策来说，嫁出去的闺女就不能识别为贫困户，但是她的情况比较特殊，跟丈夫离婚了，还领着四个上学的娃娃。我知道了以后就先做了村干部的工作，我说这个咱们得识别成贫困户。后来按照程序，开会也就通过了。她们家住的那个房你们是不知道，在家里能看到天，一下雨就漏得不行。我还同刘唤平讲解扶贫政策，协调孩子上学事宜，让孩子们安心学习，同时帮助刘唤平实施易地搬迁。2016 年在广惠园刘唤平得到了集中安置，住进了 82.33

平方米的移民楼。我还帮她申请了低保。2017 年腊月初八的时候，早上我还在睡觉，刘唤平就给我打电话，说给我送来了腊八粥，我当时很感动。这就是咱帮助了她，她记得你，她以这种方式表达感激之情。

还有像我和五保户之间的交往，也是有很多话可以说的。宋木沟有两个五保户，一个赵德彪，一个张存师。我在宋木沟下乡了，跟他们处得都比较好。他们的养老保险卡让我拿着，每次都让我给刷卡，委托我给他们查里面有多少钱。最后搬迁的时候两个老汉也还比较配合。当时的计划是这两个老人搬迁到阳坪乡，入住乡里规划的五保户集中供养点。这个供养点是上下两层楼，一人一间，但是供养点工程很大，在宋木沟拆迁的时候还没盖好。我就和两个老人说："你们两位先去敬老院，咱们盖好这个房以后再叫你们回这个楼上住。"他们也答应了，我们也就和两个老人把协议签了。

第二天，我们到了宋木沟，张存师老人自己已经把东西装在车上了。跟我说，你给我找下个地方了没有，我拉上东西下阳坪呀。我这时候才给敬老院负责人说赶紧安排住房，张存师已经拿下东西了，提前都没有一点点征兆。自从他住进了敬老院，我们见面的机会就少了。有一回，也就是去年的 10 月 22 号，我们遇到了，他见了我们就有说不完的话。他说："哎呀，我可终于见上你了！在敬老院，有人给我做饭、洗碗，生活很方便，吃完饭我就街上溜达了。"老人的脸上也红润了，过得挺好。看起来，他是一脸的幸福。

阳坪乡下寨有个白武子，家里三口人，妻子是个盲人，还有

梁鑫爱给赵德彪送去饼子，并详细询问其生活情况

个上学的闺女，今年就考高中了。当时一听说要下寨进行搬迁，也是很高兴，白武子说："我这一辈子也没想到还能在城里头有自己的住房！"他搬出来后，闺女在城里头上学，离得也就近了。他很配合我们，他说："我第一个搬迁，第一个签协议。"这协议只要有一户签了，后面的也就很快签了。现在，下寨已经全部搬迁完了。

搬迁后，就开始复垦种地。去年10月的时候，也就是要复垦的那会儿，岢岚的天气已经比较冷了，正赶上天还下着雨。在赵家洼，乡镇干部披着雨衣，跟工地上的工人们一起劳动，一起吃饭，夜以继日地干着，大家都毫无怨言，一门心思想着要赶在10月10号完工，在十九大前给党中央、总书记献上一份厚礼。

阳坪有九个贫困村，已经有五个贫困村脱贫了，剩下的那四个贫困村，有三个村是要整村搬迁。留下来的那一个村子，就意味着要进行整村提升，我们要想办法尽快实现整村脱贫。回过头来再看，阳坪的建档立卡贫困户是 675 户 1528 人，2018 年就剩下 160 户 298 人的任务，我保证能如期脱贫。

我这个人的性格就是：要不就不做这个营生，要做就必须认认真真做下来。

这样，工作和家庭就不能很好地兼顾了。我不是岢岚人，老家是吕梁市交城的。我父母七十来岁了，每年就正月初二回交城，初六就回来了，一年也就这么个时间我能回去看一下我爸妈。我爸妈就我一个闺女，也亲我了，可是我又离得这么远。有时候就不敢给我爸打电话，一打电话我爸就说，你忙了，快挂了吧，听见这个话真个心酸了。不用说其他的，作为一个母亲、一个妻子、一个女儿来说，对于这个家照顾得真的很少。一年 365 天，我中午在家给丈夫、娃娃做饭的时间超不过 50 天。即便是星期天，我也经常是下乡了。

最近，组织上肯定了我做出的成绩，我很是高兴。我们家里也比较支持我，尤其我大闺女，上了天津大学以后和我说："妈，你忙你的吧，我能照顾了自己。"这个小闺女也挺好，丈夫也无怨无悔地支持我的工作，我觉得这对于我来说，已经太幸福了。有了家人的支持还有领导的肯定，我觉得干劲十足，哪怕再累再辛苦，我也无怨无悔。

作为一名基层干部，能为岢岚的脱贫攻坚贡献一分力量，既是我的责任，也是我的义务，我觉得无上光荣。在岢岚干部和群众的共同努力下，我坚信岢岚的脱贫摘帽一定会如期完成！

洁家净院，美丽乡村

　　高爱英，岢岚县爱国卫生运动委员会办公室副主任，在岢岚县创建卫生城市的工作中做出了突出成绩。她把创卫工作与扶贫工作结合起来，在扶贫点开展洁家净院活动，改善乡村卫生环境、村容村貌，建设美丽乡村。

　　说起创卫，凡是来过岢岚县城的人，无人不对岢岚县城整洁干净的卫生环境竖大拇指。岢岚的创卫工作能取得现在这样的成果，得益于我们县的领导把各项工作都抓得非常紧、非常严格，作为一名曾经奋战在创卫第一线的工作者，我感到非常自豪。现在，岢岚整个创卫工作特别是环境卫生这一块，已经走向了制度化、规范化、常态化。2018 年 3 月县上开了表彰大会，我获得了先进个人的荣誉，这个荣誉真是来之不易，可多付出辛苦了。

　　根据县里统一安排，前年我是在西豹峪乡的甘钦村开展脱贫攻坚工作，村里各项工作走在全县前列，夺得了全县第一。这一方面是因为我熟悉、了解脱贫攻坚政策，另一方面是领导有工作经验，负责脱贫攻坚工作的主任原来就是搞农村工作的，他农村工作经验丰富。我觉得在创卫工作中我取得了成绩，脱贫攻坚也决不能落后，还得继续走在前面。

根据县上的调整，去年的 3 月 21 日我作为驻村工作队队长来到宋家沟乡明家沟村。首先做了大量的调查，不论是脱贫工作，还是其他工作，咱们必须做到清清楚楚。我们必须掌握村里头的各项基本情况，包括贫困户、非贫困户之间的关系、矛盾等，工作才能顺利开展。

明家沟常住户是 51 户，贫困户刚开始确定时是 35 户 78 人；去年 11 月份村里再一次进行精准识别，进行了一次动态调整，加进去 2 户。有 1 户是因为确诊了膀胱癌，因病致贫，所以才进入贫困户，还有 1 个是五保户。他们俩都是经过商议，最后公示，才识别进来的。精准扶贫户最终成了 37 户 80 人，然后加上 2015 年建档立卡的 12 户，现在贫困户是 49 户。

我们在前期调查的时候，调查了贫困户的春耕、备耕情况，发现贫困户生活确实比较困难。我们就及时对贫困户的春耕、备耕进行了补贴。首先，鼓励他们种些经济价值高的作物。一个是荚豆，市场价一斤一块多钱，有时候价更高，所以就建议他们种植荚豆，我们无偿补贴种子。还有一个是红谷子，也是一种经济作物，一亩能收入 1500 块钱左右，所以也是建议种植。还有红芸豆，它的价格也比较好。我们为贫困户无偿提供种子，由农户自己选择。明家沟村基本上每家都种植荚豆，因为那个村的气候和各方面条件都适合种植荚豆。我记得是 4 月 25 号，咱们就把种子全部免费发下去了。咱们县上的领导也参与这个事，这就安排了春耕、备耕。在这个过程中，发现他们连翻地的钱也没有，老百姓去年种下的粮卖不了，手里头就没有钱，我们就赶紧给每户补贴柴油款，每亩地补贴 60 块钱。这样，不仅给他们补贴了柴油款，还为他们免费翻地，抓紧种植，确保不耽误春耕、备耕。

解决了农户的春耕、备耕问题以后，我们就经常地入户走访，或者是到田间查看农作物的生长情况。走访时发现，去年春耕以后，天气一直很干旱，导致谷子出苗不好，抠开地发现有芽儿，但是顶不出来。如果再长不出来，肯定要影响今年的收成，影响贫困户的收入。我们及时开会研究这个情况，决定调整经济作物种植，把谷子上不来的地方赶紧改种红芸豆，因为错过季节就种不成了。原来谷子种多少亩，就给你补多少亩的红芸豆种子。让农户赶紧补种，不要影响了今年的收成。

在此期间，我们还深入了解每户实际存在的困难，然后进行特殊救助。大范围的普惠性政策，贫困户都能享受，但是特惠性的政策，还是要根据贫困户自身的情况去做，例如家庭出现大的变动，遭遇特殊的交通事故，或者是家庭成员有大病，我们就要进行个别慰问。村里有一个贫困户，他家三代单传，儿子因为出了交通事故后下肢瘫痪了，坐着轮椅。我看着他家各方面生活非常困难，尤其是出行不方便，就把他的院子都给硬化了，还在大门口装了两道栏杆，一来方便了他的出行，二来保证安全，不会引起翻滚等问题，这是我们给一个贫困户解决的实际生活问题。

咱们村里还有一对夫妻，他们两口子很辛苦，看着是想干实事的那种，自己有积极性。他有养猪的想法，咱们就要鼓励人家。他当时的情况是有九头猪，他想发展经营，扩大养殖规模，再买些母猪，但只有几个小猪圈，场地受到限制，他就是再想发展也不行呀。我们发现这个问题后，经过研究、做预算，准备给他扩大一下养殖场，同时带动更多的贫困户加入养猪行业。其实养猪养一头挣不了，养十头肯定能挣了，扩大规模，见到利益后逐渐再繁殖肯定能收益。他家房子的后面是一块集体的空置土地，我们就利用那个空地建了一个猪场，成立了兴旺养猪合作社。建一个上规模的猪场，里面必须有下水道，还得有暖气。现在房子建好了，但是具体的下水、暖气这些都还没有接上，今年我们准备继续完成。前段时间他说家里的母猪生了十几二十个小猪，可以说他家已经走上了致富的道路。

结合我在岢岚县城创卫工作的经历，我觉得扶贫工作，不仅要扶贫，还要改善老百姓的生活环境。岢岚县开展的洁家净院活动，实际就是要改善农村生活环境。事实上，老百姓的生活环境急需改善，因为平时不注重卫生，家里东西放得乱七八糟，到处是尘土，好像放啥也不是个放法。好多人家的墙黑得没看头，房顶也是一层一层报纸糊着，将就着。首先要改善的就是居住环境，从室内到室外，再到村里、乡里。我们先对贫困户家庭情况、生存环境进行了摸底，发现有很多人家院墙都是土墙，多少年来都没有刷过白泥；有的屋顶子也往下坠。我们就根据贫困户每家的实际情况，对墙体进行维修。墙原来就是刮过的，咱们再给刮一下；原来是土墙的，咱铲了重新弄墙。还给他们的房屋进行吊顶，把屋顶都换成 PVC（聚氯乙烯）板，他们的家一下子就看着亮堂了。这样一来，他也就对家里的环境比较注重了，收拾得比较勤快了，爱干净了。

春节慰问的时候，我们结合洁家净院活动，让他们自己动手把家里头、室外彻底打扫了一次。我们先是给农户开会，说我们要进行春节慰问，但是这次不一样了，要求你们打扫卫生，然后评选最好的可以进行慰问，一直也不打扫的我们也就不慰问了。这个话说出去以后，起到了一定作用。对乡亲们就是要潜移默化，慢慢改进，通过多种形式来改变他们的生活习惯。

我给他们讲，岢岚县创卫以来，县城的大街小巷、每一个角落都很干净，人们深刻体会到美好环境给人带来的舒适，这个咱们要延续到村里头。在村里要讲文明习惯，首先把自身卫生做好，家里打扫好，院里打扫好，乡村卫生打扫好。进了城以后，要把原来乱扔垃圾的习惯改过来。进了县城，有环卫设施，垃圾一定扔进去。平时开会、慰问的时候顺便把这些事说道一下，去年都是这么做的，付出了很大的辛苦。改善生存环境，改变生活习惯，我们从他们的炕上，从他们的衣柜，从他们的锅头、锅开始引导他养成文明卫生习惯，一步步慢慢地改变他们。

村里面有些养牛的贫困户，一般都在自家的院子里养，人畜不分离，环境卫生不好，牲畜也容易生病。人畜分离，传染病也就会少，对村民身体有利。我们就准备对牲畜进行统一圈养，进行奖励，但统一圈养有经济方面的问题，也有传统的习惯，需要一个逐步转变的过程。

今年爱委会的主要工作就是除四害。农村的除四害工作也非常重要，村里老鼠很多，对粮食也是损害。今年结合县上的灭鼠宣传，我们正在村里进行除四害工作，不要让粮食受害了。因为老鼠多，啃咬粮食后容易传染疾病。

今年还要改水、改厕。去年我们走访贫困户时，他们就提出想改善一下明家沟的吃水问题。以前明家沟人吃河里的水，水泵抽出来后就饮用。今年县农委下达一个帮扶政策，把明家沟、柳林湾、铺上三个村结村连片，看能干什么，后来就确定为改水工程。这个工程，乡亲们觉得非常好。我们常说脱贫攻坚，就是要达到"两不愁、三保障"，最起码是要保证他的吃、穿。这个工程乡政府已经立项，今年肯定要见效，这是改水工作。

还有一个是改厕工作。咱们农村都是旱厕，旱厕再加上院里有牲畜，老百姓的生活环境就不太好了。我们今年要对全村的居住户进行改厕。我在前期走访以后发现，明家沟村有三户改厕的，咱们要用典型引路。因为就是再好的东西，给他免费安装，他也不一定认可。今年对五十余住户改造厕所，大体也就是五十几套，根据实际情况来决定。咱们要改的卫生厕所用水量非常小，可以放一个桶，把洗脸水倒进去，用完拿水冲一下。这个厕所在安装好以后得先加上半瓮子水才能用。因为加满了水，粪便下去以后会漂浮起来，在通过管道时粪便慢慢挤压，高温发酵，流出去以后就是熟粪。熟粪的肥分要比生粪高得多，菜品用那个肥料，一点味道也没有。改厕以后，每个厕所必须改建一个小房子。一个是建房才能起到卫生厕所的作用，再一个就是在房子里放一个水桶、一个厕刷，用完以后经常清扫，这才好打理。

今年除了基础设施上的一些工作，还要结合县委、县政府的健康扶贫，宣传相关政策，比如大病如何报销，去哪里报销，最终给负担多少。这些政策性的东西最初咱们也不一定了解得那么清楚，但是在逐渐学习、摸索的过程中领悟了这个政策，然后在入户走访时把政策宣传出去，或者是看他们有些什么需要，大病报销需要哪些手续，我们给他们提供政策方面的引导。其实农民们最关心的就是住房、饮水、教育等问题，这些是贴近生活的。在健康扶贫这个项目中，我们带着贫困户进行了大病、慢性病的鉴定。鉴定结果出来以后让他们自己知道病情，然后引导他们保养、调理。村民们对这些程序有些不清楚的会主动来询问，在询问的过程中又是一个学习政策的过程。

一部分贫困户之所以不能脱贫，除了客观条件限制外，主观上的原因是自身安于现状，存在"等靠要"的思想。明家沟村算是宋家沟乡最穷的一个村子，一个是村里头年纪大的多，靠社会保障兜底的多。很多年轻力壮的人都在外打工，不在村种地。还有一部分人就是有劳动能力，但是走不了，所以就补贴他，发展农业。通过我下乡驻村这一段时间来看，我觉得农民从种地、养殖这些方面来发展经济比较现实。不少贫困户致贫，原因在于他们自身动力不足，没有把他们的志气扶起来，没有把他们的内生动力激发出来。他们就是觉得现在的政策好，病了也有健康救助，各方面都有救助，这样一来就容易产生惰性。

总书记讲过，"扶贫先扶志""扶贫必扶智"。我觉得今年的工作重点就是扶志、扶智，把这两个方面必须扶起来。2018年初，在制订脱贫计划时，我们就改变慰问方式，激发贫困户内生动力，不要让他们产生"他享受，我也能享受"的想法。今年我们也要响应县上的号召，全面整治乡村环境卫生，彻底改善贫困户、非贫困户的生存环境。所以咱要想些办法，进行卫生评比，比如你出来穿得干干净净，我们可以评一个优秀个人的奖，我们个别奖励你；你孝顺老人，孩子教育得好，这个也可以立个项目；

或者你比较勤劳，庄稼比别人长得好，咱可以针对性地奖励。

贫穷的一个原因就是"怕"字，没有文化和技术，怕到外面受苦。今年开展扶志、扶智工作，就是一方面要逐渐激发他们的信心，另一方面加强职业、技术培训。因为传统习惯，觉得守家在地就很好，不用出去打工受罪，在家吃土豆、吃莜面也能吃饱，去了外面不一定能吃饱，这就是他的一种顾虑，但更多的是他没有文化，没有技术，网络也不懂，出去打工，也只能在饭店里洗碗。今年乡里对接的有技术培训、产业培训、家政服务等。我觉得家政公司是一个发展趋势，没有技术，没有文化，只要有辛苦，一年下来比种地钱多。种地是阶段性的，一年有半年就够了，冬天就歇下了。今年我考虑过这个事，让村里头有意向的出去学习学习，我们和村委做了很多的宣传，感觉合适的鼓励报名。你不能总当贫困户，贫困户再好也不能总当，总靠政府也不对。年龄大了政府对你兜底帮扶，那是应该的，但是你才五十来岁，青壮年时期还可以干活，不能等着帮扶。国家政策非常好，对他们进行帮扶，使得一部分贫困户有了依赖。现在我们下乡去，这些贫困户就是看我们给他带来些啥，这种思想是非常不对的。下乡有时候心里真的很难受，已经那么穷了，还不行动，这怎么行？要激励他们努力改变穷的现状。他们这种思想就觉得生下我就是个种地的，再让我做啥呢，我就啥也学不会。实际上还是文化太落后，没有文化出去外面什么也做不了。有时候与贫困户聊天时，他们也会说出去看个病，连看病的房间也找不见。他们心理上对外面世界有些畏惧、抗拒，因为他们觉得出去外面就没法生活。他们这种思想肯定是恶性循环，影响下一代。下乡以后，感觉老百姓都是非常淳朴的，他们的思想非常简单，从我们的角度看有时候就是不求上进，从他们的角度说就是安于现状。要改变他们的生活态度，只能是潜移默化，你不可能是一下来就能把他们改变的。

再一个就是教育扶贫。咱们现在是九年义务教育，明家沟倒是没有出现辍学的情况，我们发现有辍学苗头的，就对他们进行劝解。因为咱们也有这个义务来监督，不叫他们在九年义务教育当中辍学。去年有一家的小孩上小学六年级，有一天他妈妈来村委跟我们说，他家小孩不想念书了。我说你看看他是什么原因，他是在县城里念书受别人欺负呢，还是他自身觉得自己的家庭不好，没有勇气，还是整个家庭生活不行，让他产生压力和差距。咱的督察组有一个人原来是搞教育工作的领导，跟他说起来小孩的这种苗头，他就提出让老师对他进行教育，必须让他把九年义务教育读下来，因为九年义务教育现在已经是最低受教育水平了，所以九年义务教育中途肯定不能辍学。经过了解，可能是家里比较穷，使得小孩自信上有些问题。再加上学校现在攀比风气很严重，方方面面使得孩子有了辍学的想法。听说以后，我们尽力和他谈，村委也过去说服，最后教育局过来，主动说一切费用都减免，决不能因为经济问题而不去上学，最后这个娃娃也就去念书了。

下乡以后，所有相关村民的生活问题，我们都有责任帮助解决。例如去年明家沟的土豆种植得挺好，但是到后来价位很低，销路不畅，村民们只好把土豆全部放进了菜窖。按理说一亩土豆怎么也能收入600块，但是现在一颗土豆也没有卖了，这样就等于没有收入。原来宋家沟村那儿有个薯宴有限公司，专门优先收购贫困户的土豆。后来我给联系了一下老总，我说我们村贫困户的土豆都卖不了，你们那儿什么时候生产，可以购买些我们村的土豆。土豆有了销路，贫困户才能有收入。

所以说下乡驻村，村民急需解决的困难，都是你工作的职责，应该是随时了解，随时入户走访，也就可以帮助他们。如果贫困户自身不想动弹，咱们要想方设法激励他们；如果是他们有想法的话，咱就要尽力帮他们。今年3月16号县里召开脱贫攻坚誓师大会，大家都知道今年脱贫攻坚任务非常重大，每个人身上都有责任担当，所以咱们也是想办法，从各方面关心他们，爱护他们，帮扶他们。总体来说，脱贫工作是比较丰富、多层面的，不光是经济上的脱贫致富，还有生活环境上的，更要在精神上让他们脱贫。我们要努力把他们的志气扶起来，让乡亲们对生活有激情了，产生只要通过辛勤的努力就能改变生活的想法。因为要想让乡亲们真正脱贫，归根结底还是得发挥他们的智慧，靠他们自己。明家沟村也有有手艺的，就是石匠、木匠、泥瓦匠之类的，还是可以发挥他们的特长的。只要有改变生活现状的想法，有这种意念，肯定会有致富门路的。

咱们岢岚这么小的一个县，总书记能过来关心咱们，其实也就是关心咱们脱贫攻坚的工作。总书记来过以后，村民们感到非常荣幸。毛主席来过岢岚，留下的话就是："岢岚是个好地方！"习总书记又来过，大家都说这是岢岚人的福气。我是爱卫办的，现在又在做扶贫工作。我想，我的主要任务一方面是扶贫，另一方面就是通过洁家净院活动这些工作，带领大家一起建设美丽乡村，让老百姓的生活过得更美好。

扶贫扶志，创业创新

　　闫永平，山西省总工会在岢岚县宋家沟乡的扶贫工作队队长。于纲，山西省总工会驻村工作队队员，燕家村第一书记。工作队负责帮扶宋家沟乡宋家沟村、口子村、铺上村、柳林湾、北方沟、燕家村、吴家岔等七个村。一个村一个工作队员，工作队员兼任村第一书记，再加上队长，还有一个司机，工作队共有九人。他们充分发挥省总工会行业优势，着力培育岢岚厨师就业创业新品牌，同时大力推进支部建设、产业扶贫、教育扶贫等工作，切实做到了精准帮扶。

我们省总工会扶贫工作是名副其实的一把手工程，我们的领导，省人大常委会原副主任、省总工会主席田喜荣同志亲自抓，亲力为，明确提出"担起责、操上心、花进钱、派下人、使出劲、真脱贫"的工作要求，带动了全会上下投身脱贫攻坚的积极性。现任领导，省人大常委会副主任、省总工会主席高卫东同志，非常重视扶贫工作，持续加大帮扶力度。脱贫攻坚是重大政治任务和第一民生工程，贫困群众的冷暖温饱就是天大的事，我们省总工会每年花在扶贫上的钱，就是把三公经费核减以后，把办公经费挤一挤以后，节省出来的。

我们省总工会扶贫工作这一块做到了"三个到位"：一是认识到位。把脱贫攻坚这个实现全面小康的重中之重和头等大事，作为工会围绕中心、服务大局的政治任务和分内职责，在全会统一思想，形成共识，以认真、当真、较真的态度投入扶贫工作。二是感情到位。工农一家，血脉相连。吕梁贫困山区是著名革命老区和劳务输出区，工会对那里的贫困百姓既有深厚的传统感情，更有农民工"娘家人"的阶级感情，必然要在扶贫中投入真心，融入真情，和贫困百姓休戚与共。三是责任到位。按照省脱贫攻坚领导小组统一部署，田喜荣主席联系帮扶岢岚县并包扶宋家沟村，对省总工会扶贫工作负总责。省总工会党组书记、常务副主席王立业同志包扶铺上村，负责全面组织落实扶贫工作。其他班子成员每人包扶1个贫困村，机关177名党员干部与包扶村全部贫困户结成帮扶对子，层层签订责任书和精准帮扶台账，真正把扶贫责任刻在心上，扛在肩头。

有了思想认识上的重视，我们省总工会就是集中资源，把人力物力投入下去，做到队伍、阵地、资金"三个保障"。

在全员参与扶贫基础上，省总工会抽出专门人员组成驻村帮扶工作队，由1名班子成员专管驻村扶贫工作，1名正处级干部担任工作队队长，7名工作骨干担任扶贫队员并兼任包扶村第一书记。工作队在岗时间每月达到20天以上，每人每天补助180元，队长和队员2年一轮换，扶贫业绩突出的优先提拔使用，为扶贫干部创造了良好的成长环境。我是2015年来的，到2017年第一期就结束了，后来组织上要求，我又续了一期，到今年已经是第三个年头了。

为保证扶贫队伍下得去，蹲得住，更好地坚持一线工作，2015 年省总工会投入 100 余万元在扶贫点中心村建设了全省第一个扶贫工作站，集工作队驻地、机关干部驻村帮扶基地、贫困农民技术培训和接待服务阵地于一体，配齐办公设备、通信网络、交通工具和生活设施，列支专项工作经费，完善工作站运行管理制度，成为全省一线扶贫阵地建设的示范点。我们这十几个人，从前有轮换的时候，最多的时候 15 个人。就这么些人，在这吃住，来回的交通，还有补助，我们工作站本身的运营，这水电费呀、暖气呀各方面的运营，总共这块算下来，差不多一年就是 100 万。

省总工会在扶贫上舍得花钱，每年坚持把压缩三公经费和会议费支出节省出来的资金优先用于扶贫工作。从 2014 年起在全省第一个为班子成员包村配套了帮扶资金，并逐年增加。同时，加强扶贫资金使用的规范管理和纪检审计监督，使扶贫的钱既要投入，更要花好。2014—2017 年，省总工会直接投入的扶贫资金达 1560 万元，其中 2017 年就投入 530 万元，每年增幅超过 20%，并争取社会项目资金 1130 万元，带动县里配套投入 6500 万元，有力地保障了扶贫工作的开展。2018 年的预算还要比 2017 年高一些。

在扶贫工作中，我们把党建工作摆在首要位置，抓党建促脱贫，以脱贫促党建。

燕家村财力薄弱，需要投入资金的工作很多，村委会办公环境极差，从村卫生室中隔出两间房，空间狭小，年久失修；没有会议桌凳，办公桌椅破旧不堪。经过多方协调，组合筹措资金，在乡党委、乡政府的支持下，2018 年将新建卫生室一个，将原卫生室整修后专门用于党员活动室，相应配置办公桌椅、会议桌、办公设备，还建设图书室等，解决党建阵地不足的问题，工程已在紧张施工中。

火车跑得快，全凭车头带。第一书记的职责是党建、扶贫，简单地说，党建就是党的组织建设、党的队伍建设、党的制度建设。民主管理这一块是财务制度、村集体管理、民事纠纷调解、政策落实等。扶贫是最重要的一块。到燕家村的第一天，我就组织村干部召开动员会，通过宣传国家、省市县相关政策、省总工会帮扶措施，坚定了干部思想，增强了村干部脱贫攻坚建设新农村的信心。为了稳步推进各项工作，经两委干部协商，决定以先急后缓的原则干成几件实事，赢得群众的信任，激发村民发展产业增收脱贫的内生动力。在平时的工作中，我也特别注意工作方法，讲求工作实效，通过求教、谈心的方式，与村支部书记、村委会主任及包村干部交流自己近期的打算、燕家村的长远规划和发展等问题。用自己认真负责、勇于担当的态度，积极主动工作，很快进入了角色。作为第一书记，我时刻提醒自己要正确处理与两委干部的关系，依照"总揽但不包揽，依靠但不依赖"的原则解决了"处得好"的问题，真正做到了尽责不越位，倾力办实事，着力谋长远。同时，注重加强制度建设，指导健全了村里的各项规章制度，强化党员的教育管理，完善村委会议事规则和决策程序，推进村务、党务公开，使村里的各项工作步入正轨。

扶贫工作，关键还是要务求实效，把帮扶作用发挥出来。我们省总工会力求做到规划、识别、帮扶、励志"四个务实"。

工作队通过深入细致的调查研究，摸清贫困底数，找准脱贫路子。在包县层面，田喜荣主席针对全县脱贫短板，提出抓好岚漪河道土地整治和高标准农田建设、特色种植深加工、特色养殖深加工三件大事，均已初见成效。在包村包户层面，省总工会紧盯"两不愁、三保障"目标，对接全省脱贫攻坚八大工程，结合实际，认真研究制定帮扶村脱贫规划和年度实施方案，全面部署开展特色产业帮扶、培训就业帮扶、基础设施帮扶、教育帮扶、文化帮扶、医疗帮扶、易地搬迁帮扶和基层党建帮扶。

"实一点再实一点，细一点再细一点"，这是省总工会领导对我们扶贫工作队提出的明确要求。根据这一要求，我们将建档立卡贫困户进一步细分为一般贫困户、低保户、五保户、混合户四种类型；根据致贫原因，细化为缺劳力、缺资金、缺技术、因学、因病、综合因素致贫等六种类型。按不同类型，因户因人施策，实现帮扶全覆盖。对有劳动能力的针对性开展产业、技术和资金扶持，给每户的扶持资金平均达到 6000 元以上；对无劳动能力的低保、五保户，实施医疗救助、社会保障兜底，随时救急救济，定期走访慰问。

在帮扶全覆盖基础上，集中力量抓重点难点突破，抓引领示范性项目创新，探索具有山西工会特色的扶贫模式：一是创造产业扶贫新模式。在农户经营层面，创新开展了"借羊还羊，滚动扶持"的养殖扶贫模式，并发展到养牛、养猪、养鸡等项目上，被省扶贫办在全省推广。原来我们是免费送羊，后来我们在调研的时候，发现有的贫困户就把羊卖了，或是杀了，所以就改为"借

省总工会培训站第二期马铃薯知识讲座

羊还羊"。凡是有养殖意愿的贫困户，通过自愿报名，经村两委研究、乡政府审核把关，在村内公示无异议后，养殖户向村委会交纳一定的保证金并签订养殖协议。由咱们帮扶 15 只母羊和 1只种公羊，价值大概就是 20000 元。养上羊以后，一方面，你要确保养羊是为了脱贫致富，中间不许杀羊、卖羊；另一方面，就是三年后向村委会交回数量、重量也大体相当的羊，村委会把他交的保证金再退还给他，收回的羊再由其他贫困户领养。在这三年之内，一切收益归养羊户。

在合作经营层面，我们也是紧扣本地实际，以土豆种植和养羊两大产业为依托，分别成立土豆收储销售股份合作社和育肥舍饲养殖股份合作社，投入建设一批土豆储存保鲜窖和舍饲养殖园区作为经营基地，投入土豆和育肥羊收购资金作为集体和贫困

于纲在燕家村扶贫

户入股本金，与懂经营会管理的带动主体合股成立合作社，每年为集体和贫困户固定分红。采取这种方式，破解贫困村集体经济空壳化的难题，增加贫困户的财产性收入，提供稳定脱贫的产业支撑。

就说这个土豆窖吧，前几年投入相对少，建一个也就是二十来万元，去年一般都在四十来万元，搞了两个。以前那几个土豆窖都是归了村里面使用，你建成以后，就成村资产了，村里面找个人管起来，老百姓收下土豆了放进去，有人管理就行了。我们去年就想，2018 年再给投点钱，让他再搞个土豆窖，不仅村民自己用，而且其他人可以把土豆存放在窖里，收取一定的费用，增加点经营性收入，也算是把土豆这个产业链条往长拉一拉。最初我们给提供土豆种子，中间收获了土豆以后，我们再收购，然后利用这个土豆窖储存，将来再卖土豆。土豆收获的时候，你收购回来；第二年缺的时候，你再卖出去，可以挣点差价。

于纲和村民们一起收获和挑拣土豆

二是打造教育扶贫新样板。由于所在贫困乡村小学条件差、师资弱、升学难，贫困家庭子女接受教育的差距日益扩大，不少家庭带子女到县城或外地租房上学，也是造成生活贫困的一大原因。为此，省总工会集中力量改造提升宋家沟乡中心小学，大力改善办学条件，新建室外田径场、文体活动馆、太阳能浴室、冲水厕所、电脑室、播音室，购置图书、校服、被褥，对贫困学生食宿、书本、交通费用给予全额补贴；大力提升教学质量，调配优质师资，与省城名校结对培训教师，联系小升初优质对口中学。经过几年的持续努力，省总工会累计投入 300 多万元，把宋家沟乡中心小学打造成了全省贫困农村学校的样板，学生人数从 5 年前的 41 人增加到 60 人，实现了生源"逆回流"，毕业生全部高质量升学。省总工会领导坚持每年带领机关干部与师生、家长共度六一，成了全乡的重大节日和亮丽风景，极大地鼓舞了贫困农民通过子女教育拔掉穷根的决心和信心。

三是培育岢岚厨师就业创业新品牌。工会系统开展职业培训，具有一点优势。岢岚在外面做厨师的人很多，比如宋家沟村、口子村，很多人在外面打工，基本（上）都是干厨师。咱们长治的好多饭店，基本上都是岢岚的厨师。所以我们责成县工会，结合岢岚外出务工特点，将餐饮服务业作为帮扶全县贫困人口创业就业的重点，给县工会拨付 1000 万元建设职工活动中心，优先服务农民工和建档立卡贫困人口培训就业，并拨付 50 万元专项培训资金。目前，已组织了 3 期 200 多人外出接受专业培训，提升了农民工和贫困人口的就业技能和创业门路。特别是 2017 年，我们给县工会拨付了 50 万元经费用于厨师培训，效果很不错。

四是建设美丽乡村新典范。省总工会领导包扶宋家沟村后，在抓好贫困户脱贫增收的同时，着眼提升中心集镇脱贫辐射带动功能，先后完善了全村自来水、排洪渠、中心小学等基础设施建设。在此基础上，省总工会与岢岚县委、县政府共同谋划，统一规划，统筹使用政策资金、自筹资金、帮扶资金，经过精心设计和紧张施工，对旧村进行了彻底改造，实现了宋家沟村从贫困山村到美丽乡村的蝶变，吸纳周边 6 个贫困村的 45 户 243 人迁入新村。目前宋家沟新村以青山绿水的宜居环境、错落有致的传统庭院、功能齐全的现代设施，呈现在人们眼前。在习总书记亲临视察后，更是广受关注，成为全省移民搬迁和美丽乡村的新典范。

我们在工作中，不仅扶贫，还要扶志，务实开展励志育人。

坚持扶贫扶志并举、输血造血并重、治标治本并行，注重加强贫困村党组织建设，帮助选好配强村两委班子，培育脱贫致富带头人；注重解决农民精神贫困的问题，在实施各个帮扶项目的同时，加大思想教育、感情沟通和激励引导力度，调动贫困群众摆脱贫困的内生动力，激发"我要脱贫"的干劲和决心，既富钱袋，又富脑袋。

几年来，我们省总工会按照脱贫目标和进度，高质量地完成了帮扶任务，贫困村和贫困户收入大幅度提高，村容村貌和群众精神面貌焕然一新，做到了脱贫工作务实、脱贫过程扎实、脱贫结果真实。扶贫的同时也锻炼了机关干部队伍，增强了群众工作能力，改进了工作作风，提升了工会组织的形象和影响，有力地推进了工会自身改革建设和各项工作的开展。

总书记来到我们帮扶的宋家沟乡，我们更是深受鼓舞，倍感振奋。我们要乘着总书记亲临山西省视察扶贫的东风，按照全国总工会、山西省总工会的部署要求，借鉴兄弟省市的好经验、好做法，强化问题导向，找准自身差距，再鼓干劲，再加力度，下足"绣花"功夫，撸起袖子加油干，为打赢深度贫困地区脱贫攻坚战、实现乡村振兴而努力奋斗！

先动员家人，再动员乡亲

张爱忠，现任岢岚县城镇集体工业联合社主任。他所在的工作队先后帮扶了四个村。在帮扶中，他有三点体会：第一，要和老百姓打成一片；第二，要把扶贫工作落到实处，多做实事；第三，扶贫工作队不能干涉村委会的决策。作为干部，以身作则，先动员家人，再动员乡亲。

我的老家是吕梁市兴县，爷爷辈的时候迁来岢岚县温泉乡田家崖村。田家崖村在县城西面，离县城大约 23 公里。全村总共是 34 户 92 人，其中贫困户是 22 户 59 人。村域面积大概就是 1 平方公里，都在崖上。崖下面就是岚漪河，河边是东西向的岢大线。

我们单位原来包的是南山村。可是我们田家崖村好长时间没有人包，我就和扶贫办主任说，我是田家崖村出生的，我回去帮扶吧，不管咋样，我想为村里做点事，2015 年我回到田家崖村帮扶。

帮扶一要有思路，二要有钱。我所在的单位，也就是岢岚县城镇集体工业联合社，是个穷单位，自然没啥钱。没钱就得想其他办法，首先是将 22 户各自分开，我个人包了 5 户，剩下的分给了其他同事。村里交通不便，我们就为村里修路。村里头吃水困难，我们就花钱给雇人拉水。到了旱季，就到水利局借水泵，给村里浇地。再一个就是根据贫困户的不同情况，因户施策吧。

村偏人少，想要脱贫，难度很大。我是包村干部，也是想尽一切办法帮助脱贫，但是像田家崖这样的村子，除了搬迁，没有啥好的出路。搬迁的时候，村里边还剩下 20 人左右，平均年龄 60 岁以上，年轻劳动力基本都不在村里头。

咱是党员干部，就要起到带头作用。搬迁的政策定下了，我们就做搬迁动员，先从自己家里人的工作做起。那个时候，我父亲还有我的两个兄弟一个哥哥，他们都住在村里。我就认为，首先应该把我们家的工作做了，必须让我家里人走在前头，然后再做其他人的工作。我父亲也 77 岁了，几十年来，他基本上就是在村里住着、生活着，对村子有感情。一开始的时候，他也想不通。他说："我在村子里自己种点菜，吃的喝的也挺方便。村里边住得就比较舒服，我不想搬迁。""让我进城，为啥人家都给房，不给我房呢？我也没有劳动能力了，怎么就不能进精准贫困户呢？我搬进城里，连个住处都没有，政府给补贴 12000 块钱，我自己又没有积蓄，咋个置办房子啊？"

我耐心地对父亲解释说："我是国家工作人员，在县城上着班，根据'八不进'政策的限制，你就不能进贫困户行列。当然也就不能给你房子，贫困户才给房子呢，没分上房子不能无理取闹、胡搅蛮缠。你没有积蓄，我们兄弟给你拿钱啊，没有住处就先住到老三家里，等分下房子再搬。"我爸是那种老思想，这个我是理解的，所以我就慢慢地和他沟通，直到做通他的工作。

我主动和乡党委书记汇报情况，我爸不是贫困户，就按同步搬迁户的政策，每人补12000元，不能搞特殊。具体搬了以后是在城里住，或者是温泉乡找房子住，这两种办法都行。在城里头住，我们照应起来比较方便；在中心集镇住，他本身就是温泉乡的人，和那些老人们在一起，相互认识，住下也比较开心，各有优势，各有缺点。反正，将来找房子，花多少钱，我出。总的就是一点，咱是党员，不能给家里人搞特殊。

说了我爸，再说我大哥。他今年57岁了，有两个儿子。大儿子成家了，现在北京打工。二儿子前几年被车轧了，腰椎受伤了，成残疾人了，现在没结婚、没工作，只能在村里了。家庭所迫，十几年前大哥和大嫂就在村里养了一群羊。刚开始的时候，是40只母羊，不断地繁殖，到搬迁的时候有100多只。按现在这个行情，放上这群羊，一年起码也能挣个10000多元钱，也就是说，虽然养羊很遭罪，不过最起码是个稳定的收入。在我们那个地方，就是种上二三十亩地，一年连10000块钱也挣不下，所以养羊比种地强。

搬迁的时候，我们村里有三群羊，我哥一群，三弟一群，还有另一户的羊，这三户加起来有三百多只。我原计划让乡政府出一部分钱，畜牧中心再出一部分钱，给这三户在原来那个地方盖上些羊圈，还让他们各自经营。后来，因为一些原因，没有建成羊圈，但他们的羊群都得到了妥善处理。

不管咋样吧，从2017年10月到2017年底，在我们的动员下，我爸、我哥、我弟都搬迁了。说实话，在搬迁过程中，他们感情上确实是故土难离，经济上也有些算计和不舍，但是在我的说服

张爱忠在动员贫困户搬迁

下，他们的思想通了，最终都同意了搬迁。从长远来看，搬迁肯定是正确的，跟上国家政策走准没错。

动员了家人，我再动员乡亲们。田家崖有外出打工的，还有出来做营生的，即便这些不在村的，也得好好进行动员。你像孟建荣、马云伟吧，他们嫌老房子给的价低，就不愿意拆迁。对于这些问题，我只能是三番五次地多做工作，动员亲戚朋友给做工作。最后，都比较圆满地解决了。

说实话，易地搬迁从目前来看有些困难，但是从长远来看它是个好事情。乡亲们在我们这个村子没啥发展前途，搬出去后，最起码能享受到和城里人一样的教育、医疗、卫生条件。再说了，只要勤劳工作，肯定会发展得不赖，日子也就会越来越好。

2017年我们开始进驻宋家沟乡。在宋家沟，我们主要帮助搬迁的是和尚泉村和长崖子村，总共涉及搬迁户12户17人。

别看宋家沟乡这两个村搬迁的人少，但是要做的营生还不少。我们每天到村里头给老百姓做工作，讲解搬迁政策以及搬到宋家沟乡有哪些好处。说实话，从小山村搬到宋家沟，人均20平方米的新房，住房条件明显改善了，而且在宋家沟生活，卫生条件、医疗条件、人畜饮水全部都能得到改善。

我主要帮扶的是长崖子村。这个村离宋家沟30来里地，我们去动员搬迁的时候，这个村全部人口也就是40多人了，其中贫困户是7户12人，最后就整村移民了。针对搬迁户的安置方式也是灵活多样。有念书娃娃的家庭，大多去了县城；没有念书娃娃的家庭，大多选择在宋家沟居住。还有一部分非贫困户，家里养着羊，就是不想走。最后，我们也采取了灵活的方式，那就是养殖户可以留下来，规划一块地设置养殖小区，通过这种方式脱贫。

群众的思想上没有顾虑了，接下来就是带他们去宋家沟看房子。我们租了一辆大车，拉着老百姓从长崖子村出来去看房子。到了宋家沟，那个时候房子盖起来了，正在配备里面的设施，县里领导给老百姓解释：房子里要配备卫生间、柜子、沙发、床、茶几，这些设施在入住之前肯定全部完善。有了领导的解释和承诺，老百姓的顾虑打消了。

搬迁的时候，我们给雇的车。实际上，新房子里设施很齐全了，都是崭新崭新的，老百姓主要就是带点被子、衣服以及米、面、油等生活必备品。

就说张贵明老汉吧，他这一户是我帮扶的。他在宋家沟的新家里，有电炒锅、电饭锅、电饭煲，每人两身新衣服，还有柴、米、油、盐、肉，我们都给准备好了。不论是吃的、住的、穿的、用的，能想到的都想到了。不仅是张贵明老汉，我们帮扶的这12户17人，基本上都达到了这样的程度。

今年的主要工作是脱贫摘帽，易地搬迁后，新增了许多需要

张爱忠在了解张贵明搬迁后的生活状况

就业的人口。今年，县里就加大了力度搞产业扶贫，通过发展产业最终使贫困户搬得出，稳得住。

村庄里大多数人已经搬迁了，但是我们的扶贫工作依然在进行。现在，除去星期天和法定节假日外，我们几乎每天都要下乡去。山西省煤炭地质局出资，正在村里给党员贫困户建养驴场。作为驻村工作队，我们也要回村里想办法发展产业，为夯实脱贫成果贡献力量。

驻村工作三四年了，我觉得，要想把工作干好，首先，要和老百姓打成一片。要同他们同吃、同住、同劳动，明白他们所想的事情，解决他们生活中面临的问题。其次，要把扶贫工作落到实处，多做实事。比如说去年吧，针对搬迁村国家有政策，也就是25度以上的坡地可以全部退耕还林。实际上，这些年来，随着人口的外流，很多坡地都撂荒了。退耕还林不仅有助于水土保

持，而且还可以为老百姓创造一定的收入，栽树每天也能赚 100 来块钱，退耕地每亩补贴 1500 元。老百姓对这个政策十分欢迎。

咱扶贫工作队是帮扶单位，我们的工作目标就是补助老百姓脱贫致富。我们工作队秉持的原则是：村里边有什么决策，需要驻村工作队参与，我们就去，大力支持，鼎力相助。具体工作上，我们和党支部、村委会保持一致，在两委的统一部署下开展工作，秉持客观、公正的原则，多出想法，多出思路，多引外部资金。

去年 6 月，总书记来岢岚考察脱贫攻坚工作。总书记的到来，极大地鼓舞了岢岚县干部群众的士气，可以说，从干部到群众士气高涨。这一年，县委、县政府坚持"穷帽不摘，誓不罢休"的精神，奋战在脱贫工作的第一线。现在，在脱贫攻坚工作上，岢岚的干部精神振奋，信心百倍，坚决完成 2018 年脱贫摘帽任务。

我们是不走的工作队

　　陈福庆，岢岚县人民代表大会法制委员会副主任委员。2016 年 3 月陈福庆作为一名工作队员随工作队来到赵家洼，2017 年 5 月被任命为赵家洼第一书记。陈福庆带着真挚的感情，帮助贫困户种地、担水、看病，解决生活困难。在易地搬迁过程中，悉心解决老百姓的问题。2017 年 9 月赵家洼村整体搬迁，陈福庆说："村子搬迁了，我们还是不走的工作队。"

　　在外人看来，搬迁完了，工作就结束了，但对我来说，这个搬迁只是一个阶段性的工作。搬迁完了以后，挪了窝子，不一定说各个方面就稳定了，一段时间内各方面工作还得巩固，持续跟踪。

　　赵家洼属于阳坪乡的一个行政村，我在这个乡就待过三年，曾经担任乡里边的人大主席。我们都是土生土长的岢岚人，学校一毕业就在乡政府工作了。

　　我们工作队是从 2016 年 3 月份到赵家洼驻村的。这个村常住人口 6 户 13 人，村里净是土坯房，年久失修，烂哇圪倒（烂哇圪倒：破破烂烂），没有一点点现代文明的气息，看起来十分破旧荒凉。

在赵家洼，我们租的是老支书马忠贤的旧房子，简单收拾了一下，就住进去了。我们工作队总共有四个人，除了我，还有队长曹元庆。另外两个，一个是周胜贤，还有一个是周继平。县人大主任贾玉春是包村领导。我们平时就在村里吃住，按咱们县上的要求，工作队一星期至少要住五天，每天必须有两个人。队员自己做饭，一般就是烩菜、馒头什么的。

要搞好扶贫工作，首先得和乡亲们拉近距离。放下架子，扑下身子，和村民们打成一片。比如说吃饭的时候，村民们习惯于端着饭碗在村口的空地蹲着闲聊，我们也就经常端上饭和他们在外面边吃饭边聊天、拉话。村里交通不便，我有个小车，他们有事了，也常常找我帮他们办一下，慢慢地大家就熟悉了。

关系处好了，乡亲们信任了，开展工作就比较顺利。

老刘（刘福有）一开始，对我们不信任。有一次，我们挨家挨户走访，到了老刘那里，他对我说："这里净是一些走不动的七八十岁的老头，你不在单位待着，来咱们这个瞎沟里头做甚了？"意思是说咱们驻村就是走形式，或者说就是应付差事了。后来，老刘92岁的老母亲病了，我们立马给乡里头医院打电话，叫救护车过来，把老奶奶送进医院，我们还帮他办了住院手续。让老嫂子杨娥子在城里边安心照料，我们帮他照顾家里头牛呀啥的。从那以后，明显感到老刘对我们的态度变了。

王三女是村里面最恓惶的一个人，丈夫去世了，儿子也去世了，儿媳妇回了娘家。她带着两个智障的孙子，生活很困难。为

驻村工作队帮助贫困户锄地

了生计，她还要种地。在这种情况下，我们工作队就把她家里的活全包了，担水、锄地、劈柴、烧火。她那两个孙子，贾主任帮她联系了忻州特殊教育学校。农忙时候，贾主任还给王大娘雇了牛工，耕地、收秋。通过这样一些帮扶，王大娘就把我们当成亲人了，不论大事小事，一有事就给我打电话。

　　老曹（曹六仁）一直供娃娃们念书，供穷了。老曹还是相对有志气的，自己再穷，也要供娃娃们读书。根据他的困难，我们给他落实了教育扶贫政策。给他女儿申请了"雨露计划"，每年2000块钱。我们还组织了人大代表给他捐款，如陈国俊、贾玉春代表，每人每年给他捐款3000块钱，一直帮扶他女儿到毕业。我们给他在城里边找了个工作，一个月有2800块钱的收入，收入差不多是以前的10倍。以前他在村里面种地的时候，一年就是三四千块钱。

按照国家 2014 年贫困户标准，我们认真落实县脱贫攻坚指挥部"四四三三"（对象识别四步骤、精准管理四清单、帮扶措施三到户、脱贫成效三验收）工作法，经过群众开会、评议，最后确定 17 户 31 人为建档立卡贫困户，我们对这些贫困户都一视同仁。

那天我和贾主任、曹元庆在工作队，总书记从坡底下走上来，贾主任忙迎上去和总书记握手，我们两个也跟过去。总书记一进工作站，看见我们睡的炕就说，这么大的炕。我们这炕当地叫顺山大炕，就是顺着山墙盘的一个炕。

贾主任介绍，里边还有一个炕。总书记说，那我进去看看。说着就走到里间，贾主任紧靠着总书记，我紧靠着贾主任，因为里间空间比较小。总书记进去以后揭开锅，看我们吃甚饭了。当天中午我们吃的是凉饸饹，还剩下一些炒大米。总书记问，平时在这儿做饭吗？贾主任说，我们自己做，在外间的锅里做。

总书记从里间出来后，看到办公桌椅就问，这是从哪里来的啊？贾主任说，这都是从机关单位上退下来的。屋里边有根柱子，总书记还摸了摸柱子，就坐在那个炕沿上。总书记看着炕上的铺盖又问，平时在这儿住吗？被褥是自己带过来的吗？在这儿住的习惯吗？贾主任就一一作答："平时在这儿住，被褥是我们自己带过来的。刚开始不是很习惯，住久了和乡亲们就有了感情了。乡亲们的日子过得比我们更艰苦，我们有责任帮助他们。"

我刚开始很紧张，看到总书记来了不知道咋办了。当总书记坐在那里和我们拉家常、谈工作时，自然让我轻松了许多。总书记问，你们在扶贫的工作当中有什么困难没有？贾主任说，现在

不走的工作队

141

党的政策好，只要我们把党的政策彻底落实好，让乡亲们真正感受到党和政府是在真心关心帮助乡亲们，工作还是好开展的，没什么困难。总书记勉励我们，他走访的那三户，对工作队还是认可的。在王三女家听说你们帮她种地、除草，这个挺好，这和当年红军和乡亲们的军民鱼水关系是一样的。就应该像当年的老八路一样，带着感情，真心帮助困难群众。

总书记又问岢岚县整个工作队的情况，县委王书记回答，有185支工作队、120名第一书记、4054名帮扶干部。总书记讲，在新时期，围绕我们农村中心任务来做，有很多新举措：一个就是第一书记制度；一个就是大学生村官制度，从大学生里选一批下来；再一个就是现在驻村工作队。从这些人里头，将来发现一批脱颖而出的后备力量、好同志、好干部，来着力培养，等我们到2020年全面脱贫以后，这些人是功不可没，同时这些人也得到了很大的锻炼和考验，从这里发现优秀的人才培养成长。

时间过得真快，总书记正要离开的时候，又问我们说，给你们生活补助吗？我们说给。当时后边不知道是谁说，咱们政府有文件，专门有驻村补助。总书记说，感谢你们的工作。贾主任说，这是我们应该做的。

平时工作的时候，我有工作台账、日记，我们每个人都有这么一个本本。我已经养成了这个习惯，每天做了些啥事情，回去都要记录一下。

为了解决"一方水土养不了一方人"的问题，经过多方调研，我们县里确定搬迁115个边远山村，赵家洼就是其中的一个。整村搬迁是个好事，不过一开始乡亲们顾虑很多，主要在三方面：

驻村工作队在做贫困户搬迁的思想工作

一是每个人都有恋土情节，故土难离。用咱老百姓的话说，就是金窝银窝不如自己那狗窝窝。第二个是最核心的，也是乡亲们最担心的，就是出来以后的生活怎么办。吃甚呀、喝甚呀，城里的生活成本肯定要比村里边高。比如说村里边抱上一把柴就能做饭，但是进了城，用的都是煤气和电，用一下你就得花钱了。第三个方面就是担心政府后续的一些保障政策能不能落实到位。为了打消大家的这种顾虑，顺利搬迁，我们给群众讲搬迁政策和后续保障措施，细算收入账，带着他们到县城、到移民新村看房子。我们积极地给乡亲们介绍工作岗位，保证大家的生活水平能够提高。再一个就是对比，收入对比，住房对比，搬迁以后的生产、生活各方面对比。最后，所有的事情解决了，大家就都愿意搬迁了。赵家洼村的搬迁很顺利，我觉得这也是乡亲们对党和政府工作人

驻村工作队帮助贫困户搬家

员的一种信任。

　　搬家的时候，我一直跟到底。我们要保障，不能让乡亲们带上问题搬家，也不产生新的问题。比如说家里边那些牛、农具这些东西，你都要提前给他解决好。把这些东西解决好了，他们也就放心了。这些东西，我们是按照当时的市场价值处理的，不能因为这些问题延误搬家。比如老刘家有两头牛，咱们按照市场价，给他卖了三万多块钱。这也是当时市场的最高价格了，必须要保证乡亲们所有的东西不贬值。不能因为搬家，造成一些损失。

　　老曹家有十来件东西，他舍不得扔。当时提出来，需要咱们给他寄放。咱们也都给他做了登记，也都做了保证。如果在寄存的过程中，有什么丢失、损坏了，照市场价给他赔偿，这样一来他也就放心了。王大娘的主要困难是那两个孙子。至于搬家，都是咱们驻村工作队和乡村干部帮忙搬的。

　　赵家洼是 9 月 22 号搬的，10 月 8 日就全部复垦了。拆的时候，乡亲们也陆陆续续回去看过。像老刘、老曹，一根一根的椽，包括那石头，全是他们自己弄回来的，都是自己盖起来的，哪怕就是个沿台石头，他也看见亲切。这就是恋土情结，或者是说故土难离。进城以后，乡亲们都得到了妥善安置。过了半年多，他们也都慢慢适应了城里的生活。邻居们开玩笑说，你还回不回去了？王三女说，城里看病啥也方便，我说啥也不想回去了。

　　老百姓终于搬到城里去了，乡亲们的生活环境发生了变化，生活也发生了变化。为了让乡亲们真正过上幸福生活，我们的工作还得继续干，就是要打造一支不走的工作队，一句话："党员帮扶群众，帮就要帮到底。"

恋一方水土 倾一片真情

发展电子商务，助力精准扶贫

"岢岚事，从来急；天地转，光阴迫。一万年太久，只争朝夕。"这首改编自毛泽东主席的《满江红·和郭沫若同志》的词，如今被镌刻于唐卫强担任负责人的岢岚电商公共服务中心的墙壁上。

唐卫强，出生于湖南益阳，娶的是山西大同姑娘，家安在了上海。他沿着毛泽东主席的足迹，踏着习近平总书记的脚步，带着他的团队，扎根于晋西北的岢岚县。他说："我是一个家在上海的湖南人，也是一个娘家在大同的山西人。我以前是半个山西人，现在是彻底的岢岚人。"他要与岢岚人民一起撸起袖子加油干，具体来说就是发展电子商务，助力精准扶贫。

1948 年 4 月 4 日，毛主席率部分中央领导由延安转战西柏坡路居岢岚时，曾经说过"岢岚是个好地方！"

我对岢岚是有情怀的。

我的老家是湖南益阳，湖南的很多企业家有个习惯，就是每年的 12 月 26 日，也就是毛主席诞辰纪念日的时候，要回到韶山去瞻仰祭拜伟人，那天也会不约而同地吃寿面。

晋粮一品团队有这么一个习惯：带着将要提拔的人员，到毛主席故居参观，瞻仰完伟人后宣布任命。我是山西省湖南商会的副会长，在山西有四百来个湖南企业家，毛主席诞辰的那天大家都会在商会的召集下聚在一起，缅怀伟人。这是湖南人的一种情结。

2016 年我来到岢岚考察，也就是那个时候我参观了毛主席路居馆。进入路居馆，一看到毛主席雕像，就有种天然的亲近感，同时也受到了一些触动。这样说吧，我决定扎根岢岚，在岢岚创建自己的企业与毛主席有很大的关系。

现在我在全国打市场，觉得自己就是个岢岚人，我也和其他人讲，毛主席说过"岢岚是个好地方！"习近平总书记来岢岚视察后，我就更加自豪了。我说，总书记也来过我们岢岚，尤其在宋家沟三棵树广场的讲话："请乡亲们同党中央一起，撸起袖子加油干！"这是党中央对岢岚的肯定，是鞭策，是动力，是目标，更是八万多岢岚人民的共同心声。

说实在的，岢岚地理位置偏僻，是个国家级贫困县，但是这里的柏籽羊（柏籽羊：产于岢岚山区。山里生长着小地柏和老柏树林，当地老百姓饲养的山羊食柏籽、柏叶，饮含有柏汁的山泉水，俗称柏籽羊）很好。柏籽羊肉散发着柏籽的香味，味道鲜美。红芸豆等农副产品品质上乘，可挖掘的潜力比较大。

2016 年底，我和团队把山西 119 个县中一半的县都走遍了，对山西农副产品的品牌和市场有了比较深入的了解。在调研的过程中，我发现岢岚县委、县政府领导的格局非常高，整个县域经

岢岚县电商公共服务中心

济发展的思路也比较清楚。岢岚能为我提供力量，而我能把一些好的资源给带进来，把优秀的团队和人才引进来。总之，岢岚是个想干事、会干事、能成事的好地方。

2016年底，我最终决定回山西创业。我从事商业有十多年了，我敏锐地感觉到山西的机会来了，也就是说将电商作为抓手，促进农业产业升级。这是一个大趋势，随着山西经济的转型进入关键阶段，未来电子商务和文化旅游一定是重要的发展方向。

从2017年初到现在，在这一年半的时间里，我们的团队很快就发展到将近80号人了。

公司的业务主要是：面向国内传统农业县域、农产品生产企业，提供顶层设计、管理咨询、品牌运营、电商销售、人才培训等服务，致力于为传统农业寻求一条文旅、电产整合和突破之路。

电商创业和孵化中心

　　晋粮一品能在岢岚落地，得益于山西的产业转型升级，也与县里领导们的支持密不可分，也就是说，将外因和内因结合起来，我们才有底气，才能够把岢岚的好产品推广出去。举个例子，柏籽羊在山西省有一定的名气，但是它的产业发展思路和整个现状不尽如人意。一只柏籽羊仅卖个原始的、初级的原料价，产品没有任何身份标志，没有任何品牌，没有更多的产品附加值。这样的产业对贫困的拉动作用不明显。

　　为了解决这些问题，去年我们团队组织了岢岚柏籽羊肉产业促进会，全国几十个专家、教授、企业家，还有一些采购商，都到岢岚来了。这些专家、教授、企业家和县里的领导们一起出谋划策，集思广益，逐渐明晰了柏籽羊公共品牌发展的思路。大家还参观了岢岚的历史遗迹，还踏着总书记的足迹走进了宋家沟。

　　2017年这一年，我们团队深入岢岚的12个乡镇141个行政村去走访调研，对全县产业状况有了详尽的了解。在调查中，各级领导干部对我们的工作给予了很大的支持，为了察看柏籽羊核心产区，温泉乡和西豹峪乡的党委书记带着我们深入深山老林，很让人感动。有一次，温泉乡岳保明书记用摩托车载着我到一个叫桦林沟的山沟沟里看羊场。那个山沟沟很偏，进山的土路不到三米宽，还崎岖不平，底下就是万丈深渊。我紧紧抱着岳书记的腰，跟他开玩笑说，我不是政府工作人员，如果我掉下悬崖了，算因公牺牲吗？岳书记很自豪地跟我说："别怕呢，卫强，我的驾驶技术那可不是吹的，这条路我都跑了多少遍了。"一路上岳书记还不停地宽慰我："如果咱岢岚柏籽羊这个品牌在全国叫响了，老百姓们有了摇钱树了，这点苦还算啥？"

　　这里老百姓的思想真的很陈旧，可以说是端着金碗讨饭吃，让我很震撼。举个例子，西豹峪长水村有个养殖户，夫妻俩，风吹日晒，皮肤黝黑。他们住的是土窑洞，吃的饭是咸菜就着杂粮馒头，生活很苦。那个地方没有水，没有电，没有通信，可以说是与世隔绝。去年他们家儿子要结婚，着急卖羊置办彩礼。当时在西豹峪乡、温泉乡、李家沟乡这些搞养殖的地方，羊的活体价已经涨到13—15块1斤。羊贩子告诉夫妻俩，今年羊价非常不好，如果不处理，你的羊就没人理了，死了也没人管了，最后9块钱1斤把羊买走了！我告诉他们，我们去年收购的羊最高已经到17块钱1斤啦！我这句话还没说完，夫妻俩啊了一声，眼泪就刷刷地流下来了。

　　做生意要讲道德，但是这些羊贩子没有道德的血液，他做的不是生意，也不是买卖，他做的叫"营生"！于是我们把联系电话给了夫妻俩，告诉他们今年的500只羊交给我们，我们给保价到17块1斤没问题。亏了是我的，赚了是他们的。

　　我是农村人，吃过农村的苦。我小时候经历过一回事，这辈子都不能忘记。我家在益阳沅江市的一个村里，那是位于洞庭湖边的一个小村子。家中有十来亩地，但是土质不好。因为这里原来是砖窑，我爸爸硬是把那块砖窑地变成了良田。要将烧砖的地转化成良田是很难的，首先要把烂砖头清理掉，再把新土一层一层拉进来。那个时候雇不起大卡车，我爸爸就肩扛手提，或者用平板车拉土。好不容易把这十来亩地整好，种上橘子树，结果有一年市场行情很不好，橘子大幅度降价。最令我印象深刻，也无法理解的是那个收橘子商贩的所作所为，他在别人家收购橘子的价格是五毛钱一斤，轮到我家了，他说："今年橘子只有两毛钱一斤，爱卖不卖，不卖我车就走了哦！"因为第二天要交学费了嘛，没办法，我爸爸把地里产的几千斤橘子就两毛钱一斤卖了。回家后，一个大老爷们躲在墙根抽着闷烟一言不发，泪水在眼眶里直打转，那个委屈啊！长那么大，我还从来没见爸爸哭过。

爸爸为了给我交学费，低价卖了辛苦种出的橘子。通过这件事，我明白了，信息闭塞的老百姓经常会被奸商所坑。

一次岢岚养殖户被羊贩子所坑的事情，一次我爸爸卖橘子被坑的事情，这两次亲身经历让我下定决心：君子爱财，取之有道，做生意必须讲诚信，决不能挣坑蒙拐骗的昧良心钱，我唐卫强要让这些穷苦百姓挣到钱、能致富，不能挣这些老百姓的钱。我跟我团队的人员讲，不许拿老百姓一针一线，谁敢犯这个错误，我就炒掉谁。同时，我更加坚定了从商要有道德情怀的理念。我发现成功的企业家，他们都有一个共同点，那就是都离不开"良心"这个词。当一个企业家鼠目寸光、丧失基本的良知的时候，这个企业早晚会死的。所以说，不管做什么事，即便是做生意，你首先得良心上讲得过去，而不是仅仅当"营生"来做。

在农业上，我们企业采取的是保价包销的营销方式，在采购富硒小米、红芸豆、杂粮的时候，保价至少10%—30%。比如去年的谷子，由于丰收了，价格一路下跌，从一块七跌到一块一一斤，老百姓肯定接受不了。我们团队就对老百姓承诺保价包销，即便市场价跌到一块，我们也给保到一块一或者一块三一斤。这样的做法，从良心上来说，不会有亏欠。总而言之，我觉得与民争利，就会把企业未来的路给堵死了。

在畜牧业上，我们去年以柏籽羊这个公共品牌为抓手，做了一些尝试：对贫困户、养殖户做利益绑定。1只活羊1斤补贴2块钱，也就是如果市场价是10块钱1斤，我们就是12块钱1斤收购；如果市场价是15块钱1斤，我们就17块钱1斤收购。做企业，说不赚钱那是不可能的，但赚什么钱、怎样赚要有个底线。我立志要把岢岚的柏籽羊做成全国羊业第一品牌，打通整个产业链，一年产生15—30个亿的效益，我再从中取利。如果我从老百姓手里克扣五毛钱或者一块钱，那只是个买卖而已，永远不可能做大做强。这也是我做企业的一个道德情怀。

单从做生意来看，现阶段肯定是不赚钱的。现在光投入的广告费用，再加上运营费用以及团队八十来个人的工资，就是一大笔钱。此外，我们还投入了很大的人力和物力进行产品的设计与研发，这是需要长期投入的，但是要发展、要壮大就必须打造几个在山西乃至全国能接地气、有生命力的、属于自己的品牌。

我把晋粮一品的整个团队带来岢岚做项目，很多人都问我："你在上海有自己的事业，家里边日子还过得去，你怎么像个傻子一样会跑到岢岚来?"我说,对于山西,我有一种情怀;对于农村,我有天然的责任感。我想老了之后,给儿女们讲故事的时候,告诉他们我为山西创了几个牌子,岢岚柏籽羊、岢岚红芸豆等。当我的孩子们长大,有机会来到岢岚,说起父亲是谁谁谁的时候,这里的老百姓还记得我。

在岢岚,我们也发现,干部群众都很有脱贫的信心,也很有干劲,但是方向感不强。我来岢岚创业,就是要把岢岚自身拥有的资源开发出来,并把它做成产业。就说岢岚的特产红芸豆吧,营养价值很高,是品质很高的红芸豆,但是长期以来,产品的附加值不高。我们团队开发红芸豆,不是单纯卖豆子,而是改变了产品的形态,提高了附加值。其中有一款产品已经打响市场,叫时光豆子蜜制红芸豆。这款红芸豆产品的制作过程是先蒸再煮,没有添加任何化学制剂,口感非常好,25.8 元一袋,很受市场欢迎,复购率也非常高。所以要改变产品的形态,改变产品的规格,改变产品的包装,树立品牌,有好的市场效益,电商扶贫才会有长效机制。

晋粮一品团队为岢岚电商扶贫制定了战略规划:高位推进电商扶贫工作,按照起点高、标准高、覆盖全、辐射广的理念,以高端化切入、市场化运营、品牌化推广、订单式管理、效益化联结、精准化服务的模式,走出一条"互联网 + 整合一二三产业"融合、与精准扶贫契合的电商扶贫新路子。

同时,我们还跟一些养殖重点乡镇建立了扶贫联结机制。温泉乡有贫困户 179 户,西豹峪乡有 436 户,总共 615 户。针对这些签订了利益联结合同的贫困户,由企业出资,给每户每年分红

柏籽羊标识

900 块钱。分红的钱肯定来源于市场，但如果我们还像原来一样去卖没有附加值的活体羊，就没钱去补偿贫困户，因此必须创品牌，建产业。我们创的品牌叫岢岚柏籽羊肉，通过参加各种展览会和研讨会，并对这个品牌大力宣传和推广，逐渐打开了市场，有了较好的知名度。

去年春节的时候，我们把柏籽羊做了精准的分割：取了羊身上的 6 个部位，1 个部位取 1 斤肉，总共 6 斤，做了一款柏籽羊肉礼盒。这款礼盒价格为 888 元，也就是说 1 斤羊肉卖到了 148 元，尤其是越过长江以南，非常受欢迎。比如深圳的客户，复购率达到了 11%，可见好的产品不怕没有销路，好的产品就应该有好的价格。正是通过深加工的方式，柏籽羊肉得到了市场的认可，企业盈利了，贫困户也得到了相应的补偿。

今年是岢岚脱贫攻坚的关键一年，也是企业发展的关键时期。既需要产业落地，也需要进一步搭建市场团队，建立全国性的营销体系。可以说是时不我待，一天当三天来用都不够，确实有种心急如焚的感觉。团队工作到深夜两三点多，已经成了常态。我化用了毛主席的《满江红·和郭沫若同志》词，并改为："岢岚事，从来急；天地转，光阴迫。一万年太久，只争朝夕。"虽然领导们天天宽慰我们，不要着急，工作还不错，成绩也挺好，大家很认可，但是我们自己心里清楚，在这个关键时期绝对不能松懈。

我经常开玩笑说："毛主席讲：'岢岚是个好地方！'这里景美人好，来了不想走。现在咱们团队发现，是来了不让你走，一方面，领导期望很高；另一方面，确实工作任务很重，时间很紧。"岢岚人民和政府领导对我们特别好，老百姓特别淳朴，特别忠厚老实。我们还发现，岢岚这个地方对外来户不设防，很包容开放。我们到了老百姓家，他们很热情，招呼我们坐下，把好吃的都要张罗出来，还一个劲儿地挽留。正因为领导干部和老百姓对我们这么好，我们就得把电商和产业这一块干好，为岢岚多做贡献。当看到领导们十一二点还在灯火通明的办公楼里加班工作，每个领导办公室都架着行军床，累了就趴床上睡会时，团队也很感动。一辈子能在两位国家最高领导人都来过的地方工作、奉献，能和这么好的领导干部和群众一起并肩战斗，脱贫奔小康，再过多年以后，一定会觉得，我们的青春没有虚度！

我这个人危机感很强，机遇难得，必须要赶上岢岚快速发展的这班车。在山西，很多地方没有支柱产业。如果没有产业，扶贫就是一句空话；如果没有产业，乡村振兴也一定是镜花水月。很多企业因为所在地的营商环境不好，或者政策扶持不到位，就会犹豫不决，最后说不定就走了。但是我觉得岢岚的领导很英明，能够看得清局势，为我们企业提供了最大力度的支持。岢岚没有脱贫，没有奔小康，晋粮一品团队就不会撤退。

在这样的状况下，我们来岢岚就是要做到改变：一是要改变老百姓的思维，二是要改变领导干部的思维。天底下有两件事最难：一个是把别人的钱装进自己的口袋里，再一个就是把自己的思想放进别人的脑子里。晋粮一品团队在岢岚就做这两件事，把这两件事干好了，其他的事情也就迎刃而解了。这一年下来，可喜的是，一些重要的观点，尤其是产业品牌发展的思路，得到了越来越多的领导干部的认同，也得到了越来越多的群众的认可。

举个例子，柏籽羊是岢岚的特色资源，如果不改变之前粗放式管理模式，不改变目前仅提供初级产品的现状，不创立品牌，不建立核心产区，不建立自己的销售渠道，国际国内市场波动时，岢岚柏籽羊产业就没有任何抵御风险的能力，可持续发展也就无从谈起，我们已经意识到了这个问题的严峻性和紧迫性。因此，我们要在西豹峪乡和温泉乡建立约 10 万亩的岢岚柏籽羊核心产区示范基地和岢岚柏籽羊精准扶贫示范基地，这是全国为数不多的敢于旗帜鲜明打出核心产区理念的县域。未来这个基地，将成为岢岚柏籽羊品牌故事的策源地和品牌传播的高地。这个想法得到了县委、县政府的大力扶持，目前一号羊场已经基本建成，二号羊场正在稳步推进。

刚来岢岚的时候，我天天跟老百姓和领导干部讲我的发展思路，有些人对我们这一套还不是很理解，但是日久见人心，时间长了，逐步也就得到了认可。现在很多村支书、第一书记，包括县里面的干部，都主动来找我们，经常邀请我们开培训班，分享一下好的思路或者经验，尤其是告诉大家具体应该怎么做。大家由被动变主动，说明人是可以改变的，好的理念是可以被接受的。

在过去的一年里，我们小有成绩。通过改变一些产品的形态和包装，提升了产品的附加值，对老百姓脱贫确实有帮助了。尽管做得还远远不够，老百姓已经很感动了，我深感荣耀，感觉日子过得也很充实。总的来说，岢岚的事值得做，山西的事值得做，农村的事值得做。

企业文化对于员工的凝聚力非常重要。晋粮一品团队企业文化很重要的一条，就是"五到"：想到、说到、写到、做到、得到。在你想到和得到之间，还差说到、写到、做到。想到了，还得说到，说到了还得写到，写了还不算，还得做到，能做到最后才能得到。

山西一共有 119 个县，我带领团队调研了一半的县，调研完以后发现，很多地方有好货卖不出去，好的农副产品没有变成好产品，好产品没有变成好商品，好商品卖不起好价钱。这些可能就是想到了、说到了、写到了，但是没有得到，而没有得到在很大程度上是因为还没有做到。

我这个人不聪明，让我做个鸿篇巨制我做不出来，但我愿意实干，敢于扑下身子去做实事，我下定了决心的事情就一定要完成。但凡我认准的事情，不办成我自己跟自己较劲儿。为了表示我的决心，你看我，理了一个光头，有那么一点点削发明志的意思。湖湘文化里有一条是"霸蛮"，就是说高度执着，黏住目标不放手，当然也有可能认死理不灵活，有时候不撞南墙不回头，一条道走到黑，在这一点上，我是个典型的湖南人。

我是怀着梦想来到岢岚的，我要做的是能看到未来的事情。农村是个广阔的天地，在乡村振兴和新型城镇化的背景下，我也想通过我们团队的努力，为乡村振兴提供一个样本。如果成功了，对整个山西省或者中西部省份的转型发展会有一定的借鉴意义，我觉得这样才是对社会有贡献的，工作才有价值；假如失败了，也可以为学术研究提供个反面教材，让后来人不再走弯路，那也是另一种形式的贡献吧。

我高中时的班主任跟我讲过一句话："求之于上，取之于中；求之于中，取之于下；求之于下，取之于空。"意思就是说，如果定位一流，可能干成二流了；定位二流，可能干成末流了；定位末流，那就会踏空。这句话对我影响非常大。来到山西，我就下定决心要做全国一流水平的企业，毕竟这个团队创始人都是比较成功的企业家，自带京、江、浙、沪基因，自带一流电商企业基因。我给县里承诺说要打造岢岚柏籽羊、岢岚红芸豆、岢岚沙棘、岢岚文旅四套公共品牌，要建立柏籽羊核心产区和红芸豆加工厂，说到就要做到，就要朝着一流的目标努力。为了达成这些目标，我们在太原的创意街成立了岢岚文创太原中心，目前中心有省内外知名的设计师近 40 位。在杭州阿里产业园区，成立了岢岚电商杭州运营中心，现在总共有近 300 号人，服务的客户总数近 5600 个。也许不久的将来，我们要到阿里总部开岢岚公共品牌的新闻发布会。人是要有梦想的，没有梦想的人跟咸鱼又有什么区别呢？

去年 4 月 25 日，项目开始运转，到今天，刚好一周年。在岢岚这一年来，曲曲折折，风风雨雨，我自己觉得成绩远远不够，但团队拼搏的劲头也许没有辜负岢岚的领导和老百姓。2018 年，脱贫攻坚正是关键期，2020 年还要奔小康。我要首先保证晋粮一品能把可持续发展的产业、一流的品牌、卓越的本土化团队和完善的销售体系等留给岢岚，脱贫之后未来一定不能返贫。脱贫了，假如没有品牌，没有产业支撑，最终还得返贫。如果返贫，我们不就是历史的罪人了吗？湖南人比较好面子，不想被别人说，你看那个湖南人把这事儿搞坏了、搞砸了，我们不能干那种事。在脱贫的基础上，再奔小康。谁说小县城不能致富，瑞士不大，却是世界上人均收入最高的国家之一，岢岚为什么不能成为山西最富的县份之一呢？光说是没用的，必须付诸行动，哪怕我给老百姓一斤谷子涨一毛钱，我也是做到了。我们团队现在的想法非常简单，就是要只争朝夕，多做实事。

我想，晋粮一品的目标很明确，思路很准确，方向很正确，就是通过发展电子商务，助力精准扶贫。既然开始做了，就要坚持下去，就要做好，就要干出个样子来。我这个人没有那么远大的抱负，如果等我老了，我的闺女和儿子来岢岚了，老百姓说你们的爸爸为咱们岢岚做了挺多事情，晋粮一品团队为咱岢岚把品牌打响了，产业做起来了，我们心里惦记着那个小个子光头和晋粮一品那帮年轻人呢。如果能实现这样的目标，我就觉得很荣耀，我也就知足了。

让柏籽羊成为致富羊

　　刘四明，山西晋岚生物科技有限公司的创始人。在山西省总工会的引荐下，他来到岢岚调研，最终决定在这里创建自己的公司。他一直在思考如何建立联动机制，把岢岚的产业和扶贫事业联结起来。他认为："要想脱贫，必须有龙头企业的带动，必须建立企业与贫困户的利益联结机制。"

我本身是个农民，老家是太原小店区北营村的。20世纪70年代末80年代初，土地分到户了，我就开始搞个体经营了。大概是1995年，我开始从事建筑行业。我之前的工作队叫四通建筑工程队，干了几年有点规模了，在2005年自己成立了一个公司，叫山西四通建筑安装工程有限公司。一直到现在，建筑公司还在运行。

2016年冬天，岢岚县委、县政府开展招商引资，经山西省总工会推荐，我来到岢岚考察。首先和县领导对接，然后到村里、乡里进行考察。我认为要想投资办企业，首先一个看的是当地的人怎么样，淳朴不淳朴，老实不老实。第二个是看县领导们是怎样对待企业发展这个事情的，我主要就是从这两个方面考量。考察后发现，这里的人民非常朴实，领导们对企业都非常重视、友好、敬商、亲商，也非常爱民、亲民，确实在想尽一切办法让老百姓早日脱贫。

岢岚号称"骑在羊背上的岢岚"。不过，一直以来，这里羊产业的发展只是传统养殖，对羊的管理、羊的销售都是传统的做法，这些都是产业发展的短板。虽然说是短板，但是政府对产业的发展很关心，支持的力度也特别大，这都给了我很大的信心和决心。

办企业，就得关注市场。2017年过了春节，我就跟岳利文副县长去内蒙古考察了。我们拜访了许多相关做生产、做销售的专家。大家一致认为，屠宰、加工是传统行业，不是高科技，要想做好，必须得规模化生产。

牛肉和羊肉同属于脂肪低、营养成分高的食品。现在牛肉在全国市场上已经是比较认可的产品了，但是与牛肉相比，人们对羊肉的认可度还比较低。在乡村地区，吃羊肉有一定的季节性，人们大多是在八月十五以后吃，尤其是喜欢在冬天吃，而在城市，羊肉火锅、羊肉串一年四季都有。以太原市小店以南地区为例，到了每年的阴历六月，家家户户都要宰羊吃羊。这几年，尤其是南方人，总体上比北方人吃羊肉都多。说明人们对羊肉越来越认可，需求量也越来越大。所以，我认为发展羊产业，市场前景是非常可观的。

2017年4月底，山西晋岚生物科技有限公司成立。公司位于岢岚县城关镇后沟村，离县城3公里，占地108亩。5月8号，公司开始定设计方案，预算总投资 1.1 亿元，采取的是股权融资的方式，还有贷款以及政府支持的扶贫周转资金。6 月底，工程正式开工。年底，中期工程都完工了，完成投资将近 5000 万元。今年的工作主要是进行装修和设备的安装、调试以及二期的办公室、生活区、食堂的装潢。我的计划是尽早完工，早日投产。现在，我们加班加点、保质保量地推进工程，工地上有抹灰的、砌砖的、做地的，有钢筋工、木工，还有消防、做保温和做防水的，好几十个工种在那里同时施工，交叉作业。

公司设计的是两条生产线：一条是剥皮，还有一条是褪毛。羊产品加工，首先是屠宰，然后是排酸、分割，最后是冷藏。我们公司建设了能储存 3000 多吨的冷库，还配置了污水处理厂、机修车间、生活区。完工后，一年预计加工 30 万只羊，如果市场好或者羊源充足，最多可以加工 50 万只。预计 9 月份投产。

在企业的建设过程中，政府给了我很多关心和照顾。我来岢岚以后，民政局帮我找了五套房子，作为临时办公的地方。岢岚的领导干部对我们都非常重视，企业只要能给社会带来效益，能给岢岚带来好处，能帮助全县贫困群众脱贫，能给老百姓解决实际问题，领导们都会想尽一切办法来支持企业的发展。

岢岚的传统品牌是柏籽羊。我认为，必须把柏籽羊这个品牌做到有一定的知名度，让别人认可了，才会产生效益，最终成为农民脱贫致富的品牌羊。我们公司将来要做的是中高端产品，就是要对初级产品进行加工，比如要进行排酸、精准分割，然后包装，必须要保证品质，最终做成让老百姓和市场都认可的产品。

现在，我已经申请了自己专属的柏籽羊品牌，正在等待批复

刘四明与相关人员在工地研究施工情况

中。同时，我们还对整个公司的发展进行了科学的规划，公司建成后，将会成立研发部、销售部、生产部、羊源部等部门。

　　说了建厂，再说销售。羊的浑身都是宝，都可以开发利用。羊肉、羊皮、羊毛都可以单卖，羊的胃溶物可以做有机肥，羊血可以提取血红素。然而，传统的做法都把这些好的东西给丢弃了，实际上这些副产品都可以产生很高的附加值。我们的企业就是要进行全面的研发，把羊的价值充分挖掘出来。

　　岢岚的羊肉品质很好，去年冬天，市场价就能卖到40块钱1斤，太原的羊肉才30块钱1斤。几千年来，岢岚这里的羊都是放养的，但是近年来为了生态绿化，逐渐采取了退耕还林、禁牧等政策，现在很多养殖户都由放养改为圈养了。人们认为放养的羊肉质会比圈养的强，实际上，羊肉品质的好坏，主要看饲料的配方。只要饲料配比科学，营养搭配均衡，饲养的羊品质也不会差。

　　我们公司二期工程计划是进行熟肉加工，就是把羊肉加工成可直接入口食用的，也就是要做成像市场上的一口香牛肉一样；还可以做成羊肉罐头，买回去加热就能食用；还可以做成半成品，买回去加热后，加入调料就能食用，像方便面一样。这都是我们下一步考虑研发的产品。

这几年，岢岚的电商发展速度很快。岢岚有一个电商企业，人家一斤羊肉能卖到二三百元，去年的营业额就达到了100万元。现在，岢岚的电商也逐步进入了快速发展的轨道。我们做实体的可以和他们合作，进一步拓宽销售渠道。

相对于传统的经营模式，做电商的投资会比较小一些，况且也较为灵活。我们是实体企业，将来主要还是靠直销，计划在全国建立很多家连锁店，专卖我们自己的产品。

岢岚这个地方适合发展养殖业。如果养殖业能发展起来，也确实能推动产业发展，带动老百姓脱贫。在脱贫的基础上，要实现可持续发展，就要企业带动，也就是说，要让搬进城的贫困户搬得出，稳得住，就必须发展龙头企业，有企业的带动才能稳定脱贫。同时，如果没有企业的带动，羊产业最终也不会发展壮大。

发展龙头企业，首先要解决羊源的问题。岢岚县的羊一年出栏量非常大，但是由于过去养羊户和企业之间没有有效的利益联结机制，羊的数量受市场影响波动较大。要想解决羊源的问题，就需要在养殖户与企业之间建立联动机制。这个产业链形成了，羊源才能解决。要形成这样的产业链，就要建立示范基地，就要注重羊的繁殖和品种的培育。

企业建好后，作为龙头企业，要考虑的就是怎么去带动老百姓把养殖业发展起来。我一直认为，挣钱不是公司最重要的目的。

实际上，我们就是想通过联动机制把老百姓带动起来，脱贫致富，通过这种方式回馈岢岚的老百姓。通过成立龙头企业，我们以较高的价格把羊收回来，老百姓直接供公司就可以了。以这样的方式，可以把老百姓卖羊难这个问题解决了。

将来，我的厂子如果正常运转，一年能宰杀 20—50 万只羊，可以带动很多从业人员。我的初步设想是安排就业岗位 150—200人，联动带动发展 500 余户。只要企业发展好了，就会激发起老百姓的养殖热情；养殖搞好了，养殖户和企业的联动效应就显现出来了。这样，岢岚的养殖业也就盘活了。

我认为，下一步要解决好生态保护和羊产业发展的问题，要在全面加强生态保护的基础上实现羊产业的可持续发展。这就需要成立羊产业协会。对羊价、市场进行调控，稳定羊源，稳定市场，避免恶性竞争。再一个是通过企业发展带动养殖业发展，再通过养殖业带动老百姓脱贫致富。

把企业建好，这是基础。而如何让它联动发展下去，这是个问题，也就是说，企业的发展从源头开始，到联动，再到销售，都离不开政府的支持。换句话说，没有政府和企业的联动，企业的发展肯定是不行的。岢岚县的领导非常关心我们企业的发展，关心企业引进来能不能生存、发展、壮大，担心我们的企业能不能做起来，能不能把老百姓带动起来。去年以来，省市县各级领导都来我们这考察过，县里王书记和侯县长更是经常来看，帮助我们解决发展难题，非常关心我们的企业。因此，我们也不能辜负党和政府的期望，我们一定要早日投产，早日开拓销路，进行整体规划等。

习总书记在党的十九大报告中提出，要动员全党全国全社会力量，坚持精准扶贫、精准脱贫，坚决打赢脱贫攻坚战。实际上，我们在岢岚投资，也是在响应国家政策。企业受惠于社会，也要回馈于社会。

岢岚的环境不错，蓝天白云，空气很好。虽然县城不大，建筑不多，但是走到哪里都是青青绿绿的。我来岢岚一年了，这里冬天干净，夏天也很干净，可以说一年四季都干干净净的，市容市貌都井然有序。就说做生意的吧，都是在店里经营，而不是摆到街道上占用人行通道。除了环境好、市场秩序好以外，最重要的是这里风气好，老百姓都很朴实，这也是企业发展的良好外部环境。

去年总书记来岢岚了，对我自己来说也是一个鞭策与促进。岢岚的领导和群众对我们很信任，我们也得撸起袖子加油干，尽快完工投入运营，以回报岢岚的老百姓，让柏籽羊真正成为脱贫羊、致富羊。

像沙棘一样扎根贫困山区

"北有齐果兮名曰沙棘，藏于孤峰兮迎冬而立，生于天地兮春秋过亿，内含乾坤兮不解其秘。"这是我们与国际沙棘协会（中国）沙棘企业联合会主席团成员、鸿泰农林科技开发有限公司董事长张艳锋访谈时，他所赋的诗。心怀"敬天爱人，守正于道，利他之心，圆梦健康"的梦想，他来到了岢岚，就是想通过发展沙棘全产业，带动贫困群众脱贫致富。

我叫张艳锋，1983 年出生于山西临县。2010 年开始下海从商，2015 年我就把目光聚焦在沙棘上了，经过多年来的考察，2018 年决定在岢岚建厂投资，发展沙棘产业。

沙棘是一种非常好的植物，耐寒，耐贫瘠，几乎什么环境下都能生长，而且还有水土保持、生态修复的功能，比如对沙漠里砒砂岩的修复。

沙漠里的砒砂岩非常硬，平常看起来像石头，上面寸草不生，但是很容易风化，只要风一吹就把沙子吹起来了，水土就都流失了。国内一些专家们试验以后，发现沙棘不光能生长在砒砂岩上，而且它生长起来的地方，别的杂草也能长出来，所以好多专家都在研究沙棘为什么能生长在砒砂岩上，同时引发了另一个问题：沙棘可以在砒砂岩上生长，它应该是修复砒砂岩的，所以说它能修复地球患"癌症"的地方。那反过来说，它能不能修复人体？虽然现在没有证据证明沙棘有这样的功能，但好多专家都提到了这个问题。因为沙棘是迄今为止在地球上生存了两亿多年的植物，与人的血液关系无限远。只要与人的血液关系无限远的东西，都可以对人体进行深层次营养补充、修复。

在了解了沙棘的特性后，我被它深深吸引了。记得 2015 年，我看了一本叫《粮食战争》的书，书里面讲了几个问题：一是中国现在面临着巨大的粮食危机；二是人们食用的粮油存在一些问题，包括转基因问题；三是现在农村大片土地荒芜，没有人去种。

看到这一连串的危机，我就在想，我能做点什么事情来回馈社会、回馈国家呢？我在全国考察了好多地方，拜访了许多专家、学者，大家都说山西大多是山区，广种薄收，最适合种的是经济林。在考察的时候，有一位老师推荐我看了习近平总书记在清华大学就读期间的博士论文。总书记在那篇论文里预测了未来农村和农村土地的变化，论文的核心内容讲了这么几点：第一，未来农村一定要像西方一样，走集中管理、集中种植的产业化路径。第二，未来农村一定是庄园形式，城市里的人会回到农村里去生活。看了那篇论文以后，我信心倍增，对自己当初的抉择就更加坚定了。

综合这几方面的原因，最后我准备选择一些好的经济林开始种植。然而，山西到底适合种植什么经济林呢？为了解决这个问题，我拜访了很多专家。专家们说，山西现成的沙棘资源就有

600万亩，不需要大规模去种植。此外，沙棘根系发达，能发展到十几米，在水土保持中，沙棘可以发挥最大的生态效应。

将这么多信息汇集到一起以后，我就下定决心要做好沙棘这篇文章。我就又在全国各地拜访搞沙棘的专家、教授。经过走访，我发现一个很奇怪的现象：大部分沙棘企业目前都停留在饮料上，而专家们都认为，沙棘做成饮料非常浪费，难以发挥沙棘的价值。实际上，沙棘除了可以做饮料外，还具有药用价值。为此，我们邀请了中科院、军事科学研究院、山西大学，还有国际沙棘协会的一些专家共同研发，准备做一些绝对不添加任何添加剂真正从本质去影响、改变人的体质的产品，也就是说，我们未来要生产以沙棘为原料的产品，不仅让亚健康的人真正能吃得上、吃得起，而且还可以惠及更多人，这也是我对沙棘情有独钟的一面。

我们研发生产的是沙棘六味口服液。里面有沙棘果和沙棘叶的全营养，再加六味中药的提取物，不含任何添加剂，取名沙棘六味。目前，我们自己的厂房还没建起来，还在借别人的生产线生产，正是这各方面因素的限制，我们就没敢把沙棘六味口服液在市场上大力推广，只是走了一部分特定的渠道。将来厂子建起来后，我们会把六味口服液做成家家都能消费、人人都能消费得起的产品，而且喝完以后都会实实在在见到功效。

我的企业总部在太原，山西正心圆功能食品有限公司是我在岢岚县宋家沟乡建设的一个生产企业，现在一层车间已经盖起来了，二层正在施工。第一期工程包括厂房、设备等，计划投入两千余万元。

中国传统文化讲究"敬天爱人"。企业一定要做良心产品，

张艳锋等考察民营区项目

在盈利的同时，还要守得住自己的底线。我们产品的商标叫正心圆，这个名字每个人都会有不同的解释。在我看来，名字只是个代号，叫习惯了大家都能听得顺耳。"正"就是守正。"心"就是不忘初心。"圆"对于我自己来说，就是圆梦沙棘；对于社会来说，就是让大家圆梦健康，圆梦中国，圆大家所有人的梦。"做放心产品，让社会和谐"就是我们要圆的中国梦、健康梦。

为了将小沙棘做成大产业，助推山西沙棘产业的发展，2018年国际沙棘会议在太原召开。要召开沙棘会议，就得有沙棘林。为此，2017年的时候我就在山西很多地方进行了考察。来到岢岚后，发现这里有成片成片的优质沙棘林。这些沙棘林吸引住了我。

发现了沙棘林，就想的是怎样做沙棘产业。能否做成这个产业，还得看周边的环境。进入岢岚县城，给人的感觉是环境特别好，街道上看不到一个烟头、一片纸屑，车辆、行人规范文明，集贸市场井然有序，堪比省城。再小住一段时间，就觉得岢岚市民素质很高。别看是很小的事情，其实小事情做起来更难。可以想得到，在环境整治方面，岢岚县委、县政府一定是下了大力气的。

在岢岚，我还见到了县委书记王志东。他说，岢岚要发展，必须有好的产业，希望我在岢岚投资项目。同时，建议我以宋家沟为中心把周边沙棘产业发展起来，以助推宋家沟、岢岚甚至周边县的精准脱贫。考察过程中，我发现岢岚县领导班子都很亲民，各部门办事的效率非常高，这么好的营商环境极大地增强了我的投资信心。本来，在岢岚投资我心里一直在嘀咕，自己没有什么优势：第一，我不是岢岚人；第二，我在岢岚也没有亲戚朋友；第三，在岢岚的投资成本也比较高。就说运输一项吧，从温州运输到太原是一个价，运输到岢岚是另外一个价。从太原到岢岚的价格甚至超过温州到太原的价格。但是综合考虑天时地利人和等方面后，最后我决定在岢岚投资。

我们把岢岚定位为沙棘原料初加工的集散基地，有以下原因：首先，资源丰富。岢岚有 50 多万亩沙棘林，再加上临近的岚县、静乐，沙棘大概有 100 万亩左右。其次，没有污染。岢岚县是传统农牧业大县，境内无重工业，是山西省内极少无污染的县份之一。再次，宋家沟乡位于岢岚、静乐、岚县三个县的交叉处，交通便利，区位优势非常好。在宋家沟，我们设计了 1 万吨的冷库，这样的原料吞吐能力，在山西来说也是比较大的。未来沙棘产业的发展肯定趋向于生物制药、生物制剂方面，我们的规划就是把生物制药、生物制剂这一块放到太原民营区，也就是说，在宋家

张艳锋等在宋家沟参观

沟进行原料初加工后，一部分就地直接销售，一部分我们会直接运到太原民营区进行生物制药与生物制剂的加工。

既然我们企业扎根岢岚了，我们就要服务地方政府，助力脱贫攻坚，助力经济发展，就要为岢岚的发展贡献力量。我们来岢岚建厂，是看准了岢岚的资源优势，看到了岢岚的营商环境，看见了百姓的生活质量。我们要得是"三赢"：县强、企兴、民富。我们要利用好岢岚山上的资源，打造沙棘产业富民全链条，通过产业联结真正把贫困群众变为产业工人，通过自己的辛勤劳动实现增收致富。

来岢岚以后，我就当起了招商员，走到哪里就把岢岚夸到哪里，现在有好几批朋友来岢岚考察。由我介绍来岢岚投资的宋老板，他们已经立项，并且把中国农批（中国供销社下辖中国农产品批发集团公司）引进了岢岚，愿意把岢岚作为未来农批的原料生产基地。在这里建基地，实际上考虑了几个方面的原因，包括当地的气候、污染程度、民风等。尤其是民风，对于产品的质量最为重要。举个例子来说，民风不好，种的农产品掺假，基地就毁了。农批的领导看中了岢岚的营商环境好，政府部门办事效率高，尤其是当地民风淳朴，不会弄虚作假。

中粮集团也把岢岚定成了农产品基地。大家知道，中粮集团的体量非常大，即便岢岚一年的所有农产品供给它，集团都可以销售出去。有这样的大企业进驻，老百姓就不用再愁农产品卖不了啦！今年，我们就把岢岚的土豆、红芸豆都报上去了。

除了宋家沟，我们还选择在水峪贯乡搞田园综合体。水峪贯乡有十几万亩土地，我们计划连荒山到平地全部流转过来，打造农批在岢岚的生产基地与中粮的基地，同时配套田园综合体。原来计划投资 1 亿元左右，现在跟农批达成合作意向，以后几年会陆续投入更多的资金。我这次过来就是计划和当地农户协商土地流转的问题，根据农批的需要种植，在平整的土地上建立生产基地，对土壤、空气、水分进行检测监控，设定一定的种植标准，提供种植方法，实现标准化生产。比如说农批下的订单要谷子，那我们就种谷子；订单要绿豆，那就种绿豆。基地不同，所种的物种也不同。

对于山上一些坡度大、条件不好的土地，如果能种沙棘，我们就进行改造。把不能种杂粮的土地都种成沙棘，利用宋家沟的厂子（正心圆功能食品有限公司）消化掉。打造田园综合体，再加上旅游线路，就能把整个县城串联起来。这样的话，企业受益，群众增收。

我们在岢岚做的事情，现在只是个开始，就是想把好多个产业、企业聚集到一起，建立产业、企业联合体，形成聚集效应。实际上，如果只有一家企业去一个地方投资，可能感觉会有风险；如果是十家企业抱成团过来投资，资金量大，体量也大，也就有了话语权，企业心里的恐惧感就会降低，安全感会增加。

沙棘产业的转型一定不是沙棘果或沙棘果浆，一定不是卖沙棘饮料，即便是卖沙棘黄酮也解决不了根本问题。我们的方向是利用沙棘提取物，针对某种疾病或某种人群研制尖端的生物制剂。

沙棘生长有大小年之分。随着全国大面积的种植，市场体量不增大的话，3—5 年后中国的沙棘一定会出现过剩。我们肯定不能让沙棘像今天的红枣一样都烂在地里头。沙棘现在最大的问题就是不好卖，周边没冷库人们就不会去采，因为今天采回来，明天就坏掉了。咱们的技术成熟以后，可以直接让老百姓自己烘干放在他家库房里，等到明年有人来收的时候卖掉就可以了，这样就解决了老百姓采回来卖不掉的问题。

现在我们的低温、常温烘干技术已基本成熟。以前，沙棘都在冷库里低温保存，从冷库里取出来就消成水了，种子也不能再种植了。如果烘干了装到袋子里，只要把握好温度，放置于通风干燥的地方，不要让它发霉了，即便是放两年，再卖也没有任何问题。这一点就是我们的创新，也就是说，我们改变了传统的做法，把沙棘做成了标准化产品。

我们追求的是可传承的、利国利民的事业，所有的艰难只有自己知道。虽然一路艰辛，但因为自己喜欢，而且能看到希望，所以即便很辛苦，也还是很开心的。好多人看不懂我到底在干啥，他们说："人家搞沙棘，你也搞沙棘，你就是在跟风。"其实我根本不是在做沙棘，沙棘是一种好的原料，而只有好的原料才能做出好的产品，才能为后期的生物提取奠定基础。现在，我们的团队也在跟省林业厅沟通，计划在沙棘林改造完后，把几十万亩的沙棘林流转回来，作为我们未来研制高端制剂的基础原料。

我们今天做产业，必须跟资本、金融对接。光有金融或是光有产业，企业都不好生存。必须用品牌来连链产业与资本，走"产业＋资本＋金融"相结合的道路。只有把品牌做大，才会吸引资本进入；只有把品牌的故事讲好、策划做好，资本才会溢价进入。我们也一直在架构资本，如果没有资本，投资农业会很艰难。随着时代的发展，人们越来越看重农业中的科技含量，而只有把资本、农业实体、高科技、高附加值的东西结合起来，才能实现产业的价值。

去年总书记来岢岚视察，有了总书记的关注，我觉得投资岢岚绝对是正确的。我希望大家努力把岢岚带出去，同时能把岢岚的品牌、当地特产、好的一些东西都输送到全国各地。我相信，上述目标在不久的将来一定会实现。

去年，习总书记视察山西亲临岢岚，就是要看到深度贫困地区贫困群众的真实生活，号召大家撸起袖子加油干，奔向美好生活。围绕总书记在岢岚的讲话精神和重要指示，我们作为企业方面，也常常在琢磨如何真正实现产业扶贫，如何联结贫困群众。我的想法是：直接给老百姓发钱、发粮并不会改变他们的处境，授人以鱼不如授人以渔。我们要借鉴长三角、珠三角这些地方的做法，发动乡亲们自己当工人，院落做工厂，由企业提供生产标准、配方，农户进行生产加工，通过减少中间环节，直接受益。企业所做的只是集中组装、包装，加盖商标，最后出厂。只要解决了农民的收入问题，就可以提高农民的积极性，最终实现脱贫致富。

山西正心圆功能食品有限公司也准备推行这样的模式：从沙棘果实的摘取到叶子的去除，这些工序简单，都让老百姓参与进来，他们自己的院落就是一个小型初加工作坊，也就是说，我们提供标准、配方、方法，农户按照我们的方法把产品生产、加工出来。对于农民来说，一部分初级产品可以自己卖，一部分卖给厂里。我们在工厂进行深加工后，推向全国市场，这是我认为解决当下精准扶贫最有效的办法。总的来说，第一，沙棘果从采摘到初加工处理，基本都放在农户家里。第二，沙棘叶子从采摘、炒制到精选，我们计划也都放在农户家里。他们采回来以后可以储存，谁家价格高就卖给谁家。

目前，岢岚县正在实施沙棘林改造项目。改造以后既能促进沙棘林的良性生长，又便于采摘沙棘果实。对于我们企业来说，发展沙棘产业也是一个非常有利的契机。如何与农户进行有效对接，实现沙棘产业带动农民增收利益最大化，我们采取了"服务—培训—再服务"的机制。

沙棘枝干最好、最实用的地方就是可以打成粉，做蘑菇的培养基。这种培养基，长出的蘑菇黄酮含量比传统蘑菇至少高出几倍，味道也特别香。沙棘枝条跟枣木枝条混合打到一起就更好了，既有枣香味，黄酮含量还高。我们首先培训农户掌握这些技术，在采完果后，将枝条粉碎，然后做成蘑菇培养基，再引导农户利

国际沙棘协会主席朱茂林（左二）参观沙棘生产

用培养基种植蘑菇，并以保护价回收他们的蘑菇。

　　沙棘果要想保存，必须烘干，烘干就需要设备。为解决设备问题，我们帮助农户成立合作社，一个合作社给买一个烘箱。沙棘果烘干后，农户如果觉得厂子收购的价格高，可以卖给厂子；感觉别人的价格高，也可以卖给别人。反正只要烘干了，就可以保存比较长的时间，保证农户增收无风险。现在，沙棘干果的用处很多，药店或者大型药厂都需要沙棘这样的原料。还可以承接国际订单。此外，干沙棘还可以进行茶叶炒制。每家买一套炒茶设备可能买不起，如果合作社买上一套设备，大家把沙棘烘干就可以卖给我的厂子。我做成茶的形态后统一包装，产品推向全国。另外，对于部分不愿意参与合作社的人，也就是说，人家喜欢自己单干的，咱们也可以对接。只要是我能帮他的，我肯定全力去把我的一套模式输送给他，让他参与进来，真正成为咱们上游的小作坊。

目前，沙棘最大的特点就是必须冷冻保存，但家家户户有冷库也不现实。况且盖下冷库，一般只在冬天冻果用 1—2 个月，剩下 10 个月都在闲置。建冷库投资几十万元，实际上投得不值得。我的想法是：由企业出资，定制一批大冰箱，配发给合作社或老百姓，四季都能用。买冰箱的钱可以逐步从他们的收入里面扣。这样的话，农户不仅可以储存沙棘，而且到了夏天的时候还能冻别的东西，我觉得这个办法切实可行。农户不仅能把果子采回来冷冻，而且果子也会弄得非常漂亮，品质也能提高。沙棘原料有保障了，我们做出来的产品品质就会更高。

让残疾人过上好日子

有人说，这个世界上最美的，就是折翼的天使，因为他们用自己受伤的躯体，拯救着善良的人们。袁利清，就是天使之一。16 岁那年，他在队里操作磨面机的时候不慎失去右手，他本以为，自己的生命将在无限的痛苦中继续，可是天生不屈不挠的性格，让他在命运的交响曲中，奏出了"最美残疾人"的华彩乐章。

我大临死的时候告诉我，残疾人也要活得有尊严。我这一辈子把这句话记得清清楚楚的，从不敢忘了我大告我的话。因此，我要尽我所能，帮助残疾人，让他们摆脱贫困，早点致富，活得有尊严。

我是咱们岢岚县水峪贯乡水峪贯村人。原本我不是残疾人，这说起来就话长了。我们村是个大村子，有一千多口人。集体化时代，村大人多，工分小，挣得钱也就少。我大和我妈两个人，每天到集体干活。我大挣的一个工，我妈挣的九分工，我家兄弟姊妹七个，孩子多，又挣不下钱，娃娃们上学可难了。

1977 年我 16 岁，七年制初中毕业。我读书非常好，就是家里没有钱，就没有上高中。初中毕业了后，我大说："你这三个弟妹还小，你就在家看孩子哇，给我们做饭。"我就回来给我大我妈做饭。要做饭，每天还得推磨，磨二升小米，大概就是十来斤小米，这就够我们七八口人吃了。

我在家看弟弟妹妹没几天，我和我大说，我不想在家待着了，也想挣点工。我大就找了我们的村委会主任，最后村委会主任答应让我学习开磨面的机器，给集体加工饲料。由于我才16岁，不是成人，队里一天给我记半个工，虽然不多，但总不是闲人了。

干了没几个月，就到了冬上（冬上：冬天）。那时，我还继续上工，也就是往机器里倒粮食。有一天也不知道是咋了，突然我就觉得手疼得厉害。我侧头一看，哎呀，我的手让机器挤住了，血滴滴答答地往出流，疼得我不行。我被吓住了，和我一块儿磨面的人也被吓住了，不知道该咋办。晃了一下，他就跑出去喊人，后来把机器关了，把我的手拿出来，我已经就吓得不行了。我大拉上我就往卫生所走。到了卫生所，卫生所说，这不行，这儿看不了，快去医院哇！我大就又拉上我去保德桥头医院。那会儿没车，就是套个驴车走，等到了医院了，也迟了。

那会医疗条件也不行，咱去的也迟了，保德桥头医院的大夫给我把手包扎住，打上石膏，想看看能不能好了，保住手，让我在医院住下观察一下。但是过了没两天，医生拆开我手上的石膏，发现已经化了脓了。医生说："手保不住了，得截肢了，要不命也保不住。"一听这句话，我觉得天塌了。我一个半大小伙子，才16岁，我没有了手那就甚也不能做了，兵也当不了了，工也挣不下了，我当时是真不知道该咋呀。我大跟我说："孩儿，命要紧么，以后就是讨吃，大大也引上你。"

保德桥头医院做不了这手术，我大又领上我去了五寨的部队医院，才把这个手术做了。在医院我待了有 40 多天，花了 700 多块钱，那会儿一个工才 9 分钱，这 700 多块钱都是借的。

后来我就慢慢适应，用左手吃饭、穿衣、做营生。我不想闲着，我大就跟队上赊下一头牛，让我放牛，我就开始放牛。我把那牛养得可好了，养得又高又大。村里头搞包产到户的时候，我把牛卖了，卖了不少钱了，把赊牛和看病的钱都还了。

1980 年村里面包产到户，我们家分了四十来只羊，我又开始放羊。放羊不像放牛，牛就一头，羊是一群，我是残疾人，一只手放不过来。再说了，放羊也是个技术活，羊跑得不行，我咋也管不住羊，于是，我就想干点别的事情。

我们那是个大村子，离得县城远，有九十来里。每个月逢农历一和六，就有集市了。我想，我也做买卖哇，买上些小东西，到集市上卖。一开始，我就在村里的集市上卖，后来我背上纸箱子，拿上东西去戏场，哪有唱戏的，我就背上纸箱箱去那里卖那些小玩意儿。那会儿是真艰苦，我要是没有少了这只手，不是残疾人，我肯定不是这种生活。

水峪贯村一千多口人，仅有两家卖东西的，算上供销社，总共是三家。我发现了商机。卖东西卖了一段时间，我挣了点钱，有本钱了，就在我们村弄了一个铁皮房，开了个小卖部。

开小卖部挣了点钱，我就买了一台拖拉机。那个时候，我们村里就供销社有台拖拉机，我成了村里第一个有拖拉机的。因此，我有拖拉机，这也就成了村里的稀罕事，那会儿我才 21 岁。我用这台拖拉机，拉货送货，有的时候还给村里拉点粮食。我还拉过煤，一天两趟跑运输，也能挣点钱。

我开了这个小卖部，挣了点钱，维持住了生活。认识的人多了，找下一个老婆。要不是这个小卖部，就我这残疾人，肯定找不下老婆。我老婆叫张翠花，也是我们乡的人，娘家离我们村有20里路，她是来我们村打工的时候我们认识的。我老婆看见我挺机灵，又开的一个小门市，也能生活了，最后我们就结婚了。

1984年我们结了婚，第二年就有了我儿子。生下儿子了，就得抚养，就得开始攒钱，就得少吃、少喝、少开支，得攒钱给儿子娶媳妇，还得供他念书。结婚以后，我和我老婆种的六亩地，我是个残疾人，不能受苦；我老婆又是她家里最小的，娇生惯养，也受不了苦。我们在村里种了几年地，维持了几年，我觉得不行，过不了。

实在没办法生活，我就去找乡长。乡长叫王爱厚，人真好，帮了我很大的忙了。我说："王乡长，我是个残疾人，生活不了，咱们乡里边每年给200块钱的救济款也不是个长远办法。你帮我寻个出路，给我弄个营生，我自己挣上点钱，我能养活了一家就行。"那会儿，政府每年能给残疾人些救济款，也不多，就是200块钱，但是我们这地方有个说法，越吃救济越穷，我就不想吃这个救济了，我得养活老婆孩子了。

乡长听了我这个话，跟我说："咱们乡里边现在也没有甚好营生，就是库房里边还有一个放映机没人包，要不你包上哇，去各村演电影去，你就是乡里头的放映员。"我说："乡长，这个放映机我又不会，咋包了？"乡长说："没事，你学学么，你去县电影院，让人家教你。"我想了想，说："行了，我包上哇。"

我和乡长说了以后，乡长又和乡党委书记说了这事，乡里还专门开了党委会，决定把放映机包给了我，条件是爱护机器，一年交给乡政府几百块钱承包费。

拿上放映机，我不会演呀，况且对机器也根本不懂，我就进了城找电影院学习。电影院的放映员就教我，哪个是管音量了，哪个是管投影了，怎么装片子了。那个放映员教了我两次，我就学会了。学会了我就开始联系放映电影，在各村放映。那电影相当火，每到放映的时候，村里人早早地就去那儿占座了。

那会儿演电影，不像现在的电脑，一摁就播出来了，过去都是手工操作。人们看着我把机器摆在桌子上，吊上白布，等的天黑了就开始放，看的人是真多了。

我每天晚上到各村去演，演一场是15块钱，一晚上演两场，是30块钱。除去给电影院的租片费，虽然挣得不是太多，但是也还能行，比吃救济强。我这个人会来事，演了几个月以后，就认下几个支书，支书们也同意我去演，还给我介绍别的村。我演了没多长时间，攒下些钱，就又买了一台，这台是我自己的。我一个人忙不过来，又雇了一个人放映，我们两个人就各村跑。我联系好，然后我们两个分开放映。这也还是忙，我干脆又雇了一个，让他们两个去放映，我就只管联系村和租片子。

我放电影四五年，感觉市场不太好了，因为电视越来越多，也没人看电影了，我就把放映机卖了再寻营生。

我孩子上学以后，在村里读书挺聪明，学习特别好，全乡考试，门门都是第一。村里学习条件环境都不行，我说："快叫我儿进城吧，在村里念书不顶事。"老婆说："进了城，过不了。"我说："进了城咱看哇，车到山前必有路，咱两个人有辛苦，肯定行了，那还能活不了？"她说："房咋弄？"我说："租哇。"那会儿租房子不贵，一个月才 30 块钱。

我把放映机卖了，小卖部的铁皮房子也卖了，我们一家就进了城。进了城我想打工，可是我是个残疾人，营生不好找，谁也不用我，就没有事干，空空住了半个月，我就愁得不行。最后，我看见街上卖烤红薯的，买卖挺好，我就想卖烤红薯。这个营生挺挣钱，本钱不大，可是利润不小，烤一斤红薯卖一块半钱，挺挣钱的。我也寻不下其他营生，我就卖烤红薯。

一只手，平车不能推，我就和朋友借了一个二手三轮车。那会儿用的是盘子秤，我一只手没法提，就自己又设计了一个铁架子，就把秤挂在铁架子上，一只手拨秤砣。我们这里气候不行，不能种红薯，我就租上车，到保德买了两千斤红薯回来。当时保德的红薯一斤才卖三毛钱，运回来烤熟以后，一斤卖一块五毛钱。

人们看见我这个烤红薯的车子挺稀罕，也照顾我这个残疾人，吃我烤红薯的人特别多。我一天能挣二三百块钱，这是纯利润。我老婆看见挺好，她也就烤。我给她弄的火炉子，弄的焦炭。我们两个一起烤，每天都能卖四五百元，有时候还能卖六百多元，这就很挣钱，也就维持住城里的生活了。

烤红薯这个营生，我们两个做了一年多，挣了几千块钱，就不做这个营生了，又找了一个。有一次我租车去保德买红薯的时候，雇的那个司机和我说，做羊毛被挣钱。我也看见羊毛被挺时尚的，我就记住这个话了。

　　我拿上卖烤红薯的几千块钱，就到陕西榆林去考察，问了价格、销路，我回来也做羊毛被。当时一床被子才卖一百多块钱，把羊毛买回来洗净，上梳绒机梳出来，再把羊毛粘到一块。羊毛芯做好了以后，上了套子，就是羊毛被。

　　回来岢岚，我本钱不多，又找了两个人，我们三个人合伙开。干了一年多，我又认下一个生产羊毛产品的老板，他看我挺能干，就让我推销他的产品，给我挣钱。我就到各单位去，找领导，问问单位需不需要羊毛被，一边推销他的产品，一边推销我的产品。就这样，我卖了不少。

　　做羊毛被做了一年多，发现利润很大，后来我就自己干了。自己注册了一个公司，叫岢岚县翠峰绒毛精品有限公司。有了这个公司，我的被子也卖得多了。我挣了不少钱，一年能挣十几万。

　　2003 年前后，我在我们县城买了小二层楼房，我儿子也上了大学。2007 年乡里边把我推荐成乡残疾人代表，后来又被选为县残疾人代表、市残疾人代表、省残疾人代表。我心里特别高兴。

　　我是残疾人，我深知残疾人的苦处，我就想带动一些残疾人脱贫致富。那会儿我没多少钱，市残联的陈桂兰理事长，她看我会做事、敢做事，又愿意帮助残疾人，就通过残疾人救助政策借给我 10 万块钱，让我办了一个小型猪场。她说："你领上些残疾人，叫他们找个就业的地方，他们挣点钱，你也挣点。"

　　我拿着陈理事长借给我的 10 万块钱，自己又出了一部分钱，在岚漪镇第三沟村办起一个养猪场。咱没经验，不会养，都赔钱了，根本没有挣钱。我那会儿是买别人的小猪仔，买小猪根本没有利润。肉价不稳定，价格忽高忽低，咱正好赶上肉价低的时候，成本高，没利润。我想这可不行，得自己养母猪产小猪。我就买上公猪母猪配种，自己的场子里产小猪。

但是我那个地方太局限，有点小，不能养太多，而且我心里也不服气，就准备办个更大的猪场。

我又花了 11 万块钱的租金，把劳动就业局的一个破旧学校租下了。那个学校的房子全部烂了，我就全部拆掉。又向信用社贷款，算上之前的租金，总共花了 80 多万，又建了个猪场。

建了猪场以后，我想多用几个残疾人，因为我也是残疾人，我知道残疾人的苦楚。残疾人出来打工没人要，还让别人小瞧，说残疾人甚也做不了，出去说话也和人说不上。我说："我也是残疾人，只要我有能力，就能带动你。我能带一个带一个，能带两个带两个，反正不用给政府添麻烦，不要拖后腿，天天要救济太麻烦。我这里用残疾人了，你们跟我挣钱来。"

当时建起这个猪场，我雇了一个技术工，雇了一个兽医，用了三个有能力的残疾人。用的一个聋哑人打杂，一个眼睛有问题的残疾人给我喂猪，一条腿有问题的给我打扫院子、看大门。我就这么管理着，我老婆也帮着管理，就这么过了几年。

但这样还是不行，还是挣不了钱，我就想换个思路。羊毛被的销路也不好了，卖不了了，养猪也赔钱，怎么办了？2015 年的时候，有个河南人聘请我，让我帮他推销中性笔。我一开始觉得不行，不如我自己做生意，但是后来我就推销，我到一些单位，找到单位的领导。我认得领导多，领导们也认识我这个人，也愿意帮助我这个残疾人，就用我推销的笔。做了一段时间这个营生，我觉得我自己也能做了。我给厂家打电话，去考察，考察好了就

残疾人在组装笔

进零件，自己雇上残疾人组装加工，我再出去推销。

有前面卖羊毛被的经验，我觉得做笔就得有自己的牌子了。我请人给我的加工厂起了个名字——晟源，在咱们岢岚县注册了岢岚县晟源残疾人福利笔业有限公司。有了公司，我就招聘残疾人来我这儿上班，一下招了30个有能力的残疾人。

我雇的这些残疾人都很能干，有些坐轮椅的妇女，心灵手巧，组装的速度就快，一天能组装两三千支笔。为了好管理，能多挣些钱，我就给这些残疾人员工开会，做了分工，我说："咱们腿脚方便的，能跟上我跑动的，咱们去推销。我没有手，你们帮我抱东西，我来找销路。腿脚不方便的，你们在厂里组装，多组装些，我们出去卖。"有了这个分工，我就能出去推销了。

2015年冬天，最让我感动的一件事是咱们岢岚县王志东书记，他帮了我。这个事情我是后来听说的。王书记在开会的时候，就和全县各部门、各单位的负责人说："咱们岢岚县成立了一家残疾人笔业公司，如果各单位有用笔的话，就优先用咱残疾人的产品。"王书记说这话太让我感动了，我们这么小一个公司，王书记还帮助我们。因此，我2016年去推销笔，就基本没有什么问题了，各单位多少能照顾点。

我把县城推销完，就到乡镇、村里去推销。乡镇、村里的经费不多，用得也少，我就先送笔后收钱。咱们乡镇的单位以及村里面也帮了我不少。在推销的时候，村里的有些支书就和我说："老袁，你们给我们送笔，能不能也印点信纸、稿纸甚的，也给我们送一些。"我听了这个，感觉没把握。我就先去太原考察，回来以后贷款20万元，买了一个小型的油印机开始印。

我又招了七个残疾人，四个女的三个男的，其中一个残疾人是我的好朋友。他心灵手巧，能掌握了油印机，那个机器就让他管。我都不上手，因为我不懂那个机器。其他的人就搬运纸张、排版、裁剪，就这么干起来，越做越好，带动的残疾人就越多。印出来的信纸、稿纸，都能推销出去。后来学校的作业本、备课本、笔记本我也印，学校也照顾我们残疾人，优先用我们的。

2016年我又把养殖场、笔厂和印刷厂合起来，创立了一个综合品牌山西晟源兴达商贸有限公司。

现在我的公司越做越好，我又准备和得力公司合作，把我的中性笔做得更好一点，争取成为得力公司的一个代理商。

我这一辈子，最让我感动的就是三个人：第一个是帮我找营生，让我放电影的王爱厚乡长。他帮助我挣了钱，养活了我一家人，现在他退休了。第二个是市残联的陈桂兰理事长，在我最困难的

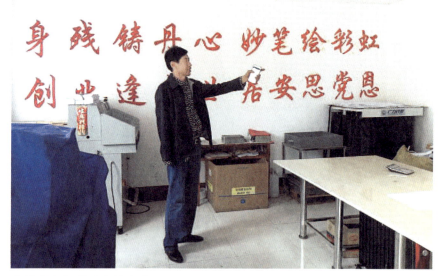

袁利清在印刷厂安排生产

时候，借给我 10 万块钱，帮我办起了养猪场， 带动了些残疾人就业。第三个就是咱们的县委王志东书记，他对我们残疾人很关心，照顾我们的生产、生活。他们帮助我，让我挣了钱，我要回馈社会，帮助更多的人。

从我自己来说，没负担。我儿子、闺女那么优秀，两个孩都是大学本科毕业。儿子现在在太原工作，闺女在北京工作，都挺好的。我这个人就是想做事、爱做事，我想为政府排忧解难，想带动更多的残疾人，让他们走上富裕的道路，摆脱贫困。

现在，我们乡的精准贫困户都搬迁移民进城了。进了城总得生活，总得找事做，城里干啥也得要钱了。我就有了这个想法，我想国家对造林投资挺大的么，咱也弄一个造林专业合作社，带动些精准贫困户种树。

导致贫困有多种原因，有些人就是因残致贫。咱就是残疾人，知道残疾人的苦，就想着带着残疾人脱贫。2017年我带领几个有能力的残疾人，在神堂坪乡的万亩沙棘林园种树，整鱼鳞坑，每天给的120块钱。我们干了一年，省里面下来验收，省市县领导去那里看了，都说我领的那帮人干得好。今年我们水峪贯乡把我推选上来，让我带领我们村的贫困户上山种树。

乡里边支持我，我就注册成立了岢岚县鑫盛源扶贫攻坚造林合作社。全县的造林专业合作社一共也就几十家，我就是其中一家。

不仅要带动残疾人脱贫，还要带动其他贫困户脱贫。注册的时候，林业局局长和我说："你带动多少人我不管，但是要优先带动贫困户。"后来，我们就按照县上"五位一体"金融扶贫模式，用贫困户贷的款买树苗子、买物资、发工资，然后挣了钱再给精准贫困户分红。既解决了合作社的资金难题，也带动了贫困户的增收，挺好的。

我注册的合作社里有水峪贯乡的18个贫困户，我另外还又雇了其他乡的7个贫困户，现在一共是25个人，我的宗旨就是为了带动贫困户。贫困户们进了城了，没事干，我就带上他们回去种树，给他们挣工资，保证了他们每月有工资，这样他们进了城才能稳得住。

这些工人跟上我种树，每天能挣300元，他们挖一个坑、种一苗沙棘，就是7毛。举个例子，有两口子一天能挖1000多个坑，能种1000苗沙棘，就是700块钱，一个人挣350块钱。这就是咱办合作社的宗旨，带上贫困户挣钱，我也能挣点钱。

除了搞造林合作社，我还资助咱们精准贫困户的娃娃上学。

合作社在造林

咱们岢岚精准贫困户很多，念书的娃娃不少。我和岢岚高中校长讲，我说："校长，我有个想法了，我们这个企业现在挺好，你们学校也帮扶，各单位也帮扶，每年也能挣些钱，我想帮扶点咱们精准贫困户的学生。"校长说："这精准贫困户可多了，你帮扶不过来。"我说："只要在咱岢岚念书的，在岢岚考上二本以上的精准贫困户学生，上大学的时候，我都尽力资助。"后来校长同意了。

去年，岢岚中学达了二本线的精准贫困户学生共 4 个，我全部资助。我给他们买上学生用品，连洗漱用品带行李包，1 个人资助了 600 块钱的物品，另外每人又给了 3000 块钱，1 个人算下来是 3600 块钱。资助的时候，学校还挺重视，搞了个仪式，邀请的宣传部、扶贫办、教育局的领导。今年我还准备继续资助贫困生。

我这样做的目的有两个：一个是帮助贫困户的学生，再一个是想把岢岚的好学生留住，给岢岚留点好生源。后来各级政府把我推荐为"山西省最美残疾人""最美忻州好人""岢岚好人"，工会又给我评了一个"忻州最美职工"。我不是图名，我就是想做些实事。我还年轻，身体也好，还能做很多事。

最近，我把养猪场又整修了一下，准备引进黑猪养殖。我的黑猪全部都是纯粮喂，不吃饲料，都喂玉米。我现在养猪场存着一万来斤玉米，马上我又去进（进：买玉米），保证都是纯粮喂。

现在我已经带动了一些贫困户和残疾人了，但是帮得还不够，因为需要帮助的人太多了，我就想再弄点其他的营生，帮助更多的人。我想在我那个地方，弄个残疾人实训基地，请上老师帮助残疾人学习技术，让他们能自力更生。

再就是修两栋残疾人托养中心，把一些生活难自理的残疾人，让托养中心来照顾。残疾人很可怜，看见就恓惶得不行，那些坐轮椅的、挂拐的，都不能自理，他们老了就更麻烦了。我弄上这残疾人托养中心，请上些健全人，再请上些有能力的残疾人照顾他们。

我现在那个地方，还有十亩地闲着，准备今年盖上两个塑料大棚，一棚种樱桃，一棚种草莓，搞成种植基地，让残疾人自己种，只出水电费。我给他们提供平台，种下樱桃、草莓，他们自己到市场卖，赚下钱全他们拿走。我还坐我这个办公室里管理。

我和王书记汇报完这个想法，王书记挺支持我。只要有政府支持，我的这些想法就一定能实现。

我现在还想建个养老院。将来咱们这个社会的发展趋势，老年人会特别多。年轻人上班了，老人怎么办，谁照顾、谁扶养？

我就想建一个养老中心，从民政部门申请些钱，我自己公司挣下钱再给贴上点，再雇上有能力的残疾人员工，让他们来照顾这些老人。这样一来，残疾人也有了工作了，能挣上工资，他也能照顾了这些老人，也减轻了年轻人的负担，这是多好的事呀！我已经出去考察过了，在陕西府谷那边，那个养老中心建得不错，我准备向人家学习、取经。有政府支持我、帮助我，我一定能建起来。

现在，党的政策这么好，我们县的领导们都踏实干事，我得跟上形势，好好地搞，带动残疾人，带动贫困户。我是残疾人，我知道残疾人的苦，也受过残疾人的罪。我一直记得我大临死时候和我说的话，残疾人活得也要有尊严。我要为政府分忧，带动更多的残疾人，让他们早点脱贫，早点致富。同时，带动贫困户脱贫，为建设全面小康社会贡献一分力量，回报社会，回报国家。

当光荣脱贫户 做厚道岢岚人

连心惠农合作社，心连贫困老百姓

常山虎，岢岚县王家岔乡宁家岔党支部书记兼村委会主任，长期担任村支书。2017年7月，王家岔连心惠农乡村旅游专业合作社成立，常山虎任理事长。通过专业合作社这种形式，激发老百姓的内生动力，发展生产，振兴经济。

从口子村进去，到了宋长城那儿再往里走两里路就是宁家岔村，它是王家岔乡的一个行政村。我们村的生态环境好，草树绿了很好看。村里有105户210多人，从1990年开始，我就在宁家岔村当支书，已经二十七八年了。早前，我在村里面搞些小作坊，像榨油坊这些，手工榨胡麻油。后来，又在各个乡镇村干了些小工程。

去年，王家岔乡成立了一个连心惠农合作社，我担任理事长。虽然我是宁家岔的村支书，但是帮助新成立的合作社运行是全乡的事儿。我也经历过生产队，那时候供销社、合作社都是咱老百姓弄起来的，所以合作社既是一个新事物，又不是一个新事物。

咱那个地方山大沟深，信息闭塞，经济落后，老百姓比较传统，没有什么其他产业，厂矿企业单位都没有，就是一个种植、一个养殖。县委、县政府包括王家岔乡政府，都在考虑如何才能带动贫困户发展生产，发展经济；如何才能提升贫困户生活水平，最后就想到在王家岔成立一个合作社，就是贫困户入股，利用老百姓手里的闲散资金。我们这是在县委、县政府的推荐下，乡党委、乡政府聘请乡建院的老师指导下组建的。

老百姓虽然贫困，但现在基本的温饱问题已经解决，家家户户手里面多少有些存款，放着也是放着，通过合作社把全乡的老百姓发动起来，把闲散资金集中起来，可以让贫困户发展生产，发展经济。比如买个拖拉机或者大型农机具，或者是想养羊发展养殖，或者是买些化肥之类的。他们想发展生产没有钱，咱们可以借给他资金，收取一部分利息，利息要考虑照顾到贫困户的经济能力，不能太高了。咱们主要是帮扶，把钱借给他。

2017 年 7 月，王家岔连心惠农乡村旅游专业合作社正式成立，这个合作社惠及武家沟、楼房底、黄土坡、王家岔等 10 个行政村，注册资金 67.05 万元。为了进行合作社的运营，县财政帮助投入种子资金 100 万元，加上贫困户首轮筹措的股金 47.5 万元，合作社共有运转资金 147.5 万元。最初入股合作社的有 170 户，其中有 99 户是贫困户，54 个党员。

召开股东大会的时候，大家推选我兼任合作社的理事长。因为我在宁家岔当了很多年的村支书，乡里面的领导、前后村的村民都认识我。当时召开股东大会的时候有七八十人，股东大会上先推选了理事六人，他们主要是负责资产评估和资金审批，后来大家又都推选我为理事长，让我来干。我说我怕给大家干不好，

宁家岔党员干部重温入党誓词

但是他们说，一来我们这么多人入股，几十万放给别人不放心，你来领上这个钱，我们还是比较放心的；再者说个不好听的话，这个钱假如没了，我们去找你，你这个人厚道，认识许多年了，你肯定不会不认，所以大家就推选我。其实我也就是个农民、老百姓，都是大家信任我。反正我就是说两点：一个是国有资产不能流失了，第二个就是老百姓的血汗钱也不能流失了，咱们好好地利用这个钱来发展本乡的经济，推动贫困户生活质量提升，然后保证资金安全，能做到这我就心满意足了。

合作社的宗旨就是利用这 147.5 万元的资金，在全乡的贫困户与非贫困户之间进行资金互助。在王家岔乡这个范围内十个行政村，所有村里面的老百姓都可以来合作社借钱，来发展生产，发展经济。

　　入这个合作社的不一定是乡里所有的人，但借钱的人可以是乡里所有的人。来借钱的村民要收取一定的资金使用金，其实也就是利息，这个利息要比信用社和银行的利息低很多。因为入股以后，都是合作社内部社员，内部社员借钱的利息是 5 厘，非社员到咱们合作社借钱是 8 厘，咱这个借款门槛相对低。如果要向银行、信用社借款，有好多限制，比如年龄、抵押担保等，一般老百姓担保就不行。咱们这个合作社就是贫困户互相借款，只要他自己有资产就可以。比方说张三向合作社提出借款，家里面有 1 头牛，1 头牛值 10000 块钱，他就可以借 10000 元。他还有 3 间房，比如 3 间房的市场价格是 30000 块钱，1 头牛 10000 块钱，这就是 40000 块钱。另外，他承包村集体的 5 亩地，5 亩地每年可以种植粮食或是经济作物，可以有一部分收入，他的 5 亩地也可以作为抵押，贷一部分款。他的土地、房屋、养的牲畜，加起来资产不少于 50000 元，那么他就可以在咱们合作社借到 50000 元。咱们合作社借款额度是不能超过 50000 元，50000 元是上限。其实老百姓借的最多是 10000 块钱、20000 块钱，他们借再多的钱也没有用。一般情况就是他今年春耕生产要买一头驴种地，一头驴价值也就是八九千左右，他向咱们借 10000 来块很普遍，基本上也不用抵押，只要他有贷款意向，能写出申请来，然后村里面能找个担保的就可以。一般老百姓借钱，最长期限也就一年。社员里的贫困户与非贫困户借钱的利息上是没有区别的，凡是入股的 170 户中的社员都是 5 厘，只要入股的都一样地对待。

　　辛家湾村的周三虎，在村里开了 30 多年油坊，每年也能收入 10000—20000 元，前几年想贷款扩大生产规模，考虑到年息至少也得 1 分，有点负担不起，就放弃了。去年，周三虎在合作社入股 2000 元，以房屋产权抵押贷款 50000 元，年利息是 5 厘。他开心地说这比银行节省了差不多一半的利息，而且入股的 2000 元还能分到红利 200 元左右，对老百姓来说很实惠。10000 元钱存在银行，定期 1 年利息才有 196 元，而在合作社入股就可以分到红利 1000 元，明年他还要增加股金。

刚开始提出要成立合作社时，老百姓接受不了。所以乡政府打算先动员党员，首先召开党员会，把全乡的党员集中起来，利用固定的组织生活会，在党员会上让乡建院的老师做宣传，就是宣传乡村应该怎么发展。先把党员的思想工作做通以后，党员回去各个村再发动群众，把乡村战略、如何提升乡村经济这些给大家讲清楚然后进行动员。刚开始时入股的是 150 多户，后来人们有个带动效应，发展到 170 户。今年春节前后还有 10 来户，现在股东发展到 180 来户，入股资金是 150 多万元。股份最大的是 20000 元，股份最小的是 500 元吧，其他还有 1000 元、2000 元和 3000 元等。我自己是入了 10000 元的股，相对来说已经不算太少。入股 500 元的，经济条件相对地比那 2000 元、5000 元、10000 块钱、20000 块钱的还是有些局限。入股 500 元的在各个村都有，一共有好几户。20000 块钱的也有好几户，他们就是在外面发展，不在村里面发展，手里面有点钱，可以多入一些股。反正放着也是放着，大家都入股呢。县政府投资了 100 万的扶持资金，这也就打消了老百姓的顾虑。所以合作社也算是由政府主导的，咱们农民自己的"银行"吧。

王家岔乡总共在籍人口约有 2000 人，总户数是 600 多户，这 180 户占了将近 1/3。王家岔村有 23 人入股，其中贫困户社员 14 户，总股金 59400 元。村民邱二寿入了 2000 元股金，参加过理事会 8 次、股东大会 3 次。他自己都说合作社的股金进进出出我们都清楚，钱放在合作社既可以分红，又能享受低息贷款，自主、便捷，又让人放心！

去年社员入股共 47.5 万元，分红就以这些钱为基础。总资金 147.5 万元，借出去 110 万元左右，总共利息收入是 70000 元，然后分红是按照 14%，就是 47 万元的 14%，分了差不多 68000 块钱，包括贫困户和非贫困户，只要入股的，都分到 14%。最高入股 20000 元，可以分红 2800 元。

关于分红的比例问题，刚开始时，我提出这个分红的额度比较大，原来计划是按 10%，后来乡里决定说就按 14% 分红，要先起个示范，然后激发老百姓积极参与。

春节前后还有些想入股的，他们就是看见这个红利以后说，理事长我存 20 万元吧，也有说我存 10 万元吧。我说这个不行，这个合作社现在最高入股的就是 20000 元，我说你这 20 万元就是存进来投机的。当时成立的时候，政府层面考虑也是老百姓比较苦，然后要想发展家庭经济，必须有资金上的支持，咱合作社的宗旨就是小额扶贫的一种形式，不是以挣钱为目的。乡里有人建议大胆地吸收这些资金，我说这些人把钱投进来就是做投机生意的，我们不支持这个。虽然这些资金也不大，但是 100 万元是国有资产，这个绝对不能流失，然后老百姓存进来的 50 多万元都是血汗钱，这个也不能流失，所以他们这些做投机生意的 10 万元、20 万元存进来，他就是看上这 14% 的红利了，我没有同意。

其实我们很需要资金呢，今年又有好几户需要借款，但是对于想要投机取巧的，我是拒绝的。

关于借款，我们也有一定的限定和流程。首先最高额度是50000元，10000元、20000元可以随便借，现在是借出去110万元了，账面上还有40多万元。像贫困户借款，其中有1户是要买13万元的拖拉机，带旋耕机和播种机的，他借走50000元是买了这个；还有2户是买了生牛犊子的母牛，还有2户是买了羊，还有几户是买了小的农机具，不是发展种植就是发展养殖了。前一阶段有1户买房想借20000块钱，我不想借给，后来他托人让我借给他。我说买房这个事情，你有钱了再买，没钱了你就租个房子住。后来我到会计那儿发现人家入股入了20000元，借款要借50000元。我说不可能，买房、买白面都是消费性的，与咱的初衷有所违背。后来实在因为他是股东，所以借给他30000元，就这一户是因为买房借出的，其余的都是买牛、买羊、买拖拉机了，扩大经营了。

我们合作社有组织机构，我是理事长，下面有个监事长，还有6个人，其中有3个人是资产评估小组，还有3个人是资金审批小组。比方说某某村的张三提出来要借款50000元，首先资产评估小组的要对他的资产进行评估，查看地有多少、房产有多少、养的牲畜有多少，总资产的价值有多少，值不值这50000块钱。资产评估小组对资产评估以后他们要签字，然后资金审批小组对他借款的50000元进行审批。他们认为合格了，可以进行贷款，6个人签字以后，我和会计再沟通。要确保款项的万无一失，不能发生赖账、坏账、死账等情况。申请人员资产通过审核，村里面有人对他进行担保后，我们还要对村里帮助做担保人的资产进行评估。李四、张三互相担保的话，就把他们的资产全部登记在册，要负一定的法律责任。这样的话就是防范风险，确保不会出现赖账等情况，这就可以把钱借给他了。

合作社这个钱是在宋家沟的信用社，会计给他办了手续以后，他就可以把钱转走。买回牲口、农机具以后，我们再看一看，确实是做了实事，发展了生产与经济，与贷款申请意愿是一致的。我们对借款的信用也可以做一个评估，用咱老百姓的话说就是好借好还，再借不难。我觉得这个资金对脱贫有很大的帮助，起了很大的作用。比如说张三想买两头牛，一头成年牛差不多就是一万来块，所以两头牛得两万来块，去信用社贷款人家就不贷给他。家里亲戚没有吃财政的，没有领工资的，好像是不贷给你，因为怕突然有个变故以后，信用社的钱没地方要，而且两万块钱找亲友借也不是个小数目，但是这个钱咱们可以帮助他。买牛以后，可以生小牛犊，到九十月份牛犊子就可以卖七八千块钱，这样有了收入，对生活有很大的帮助。

去年成立合作社以来，包括我在内的社内人员都是兼任的，都是义务的，没有工资。咱合作社的办公场地，是乡里面出钱租的王家岔村的，办公用具例如办公桌椅、电脑等也是从乡里分出一部分来给我们使用，乡里、县里都很支持这个事情。我们这些工作人员基本上都是农民，平时该种地种地，该放羊放羊，该干啥干啥。需要借款的人写申请回来以后，这几个理事、资产评估小组的人、资金审批小组的人都回来开一个会，首先对他的资产进行评估，合格以后大家都签字同意借给他，最后再给他借款。

咱这个连心惠农合作社，与其他各类合作社，例如造林合作社、养羊合作社等一样，都是为了帮助群众致富的，没有其他的独特性。就是有一点，咱们这个连心惠农合作社是以旅游产业为主的，资金互助是一方面的用途，另一方面我们还使用资金采购蘑菇等土特产进行销售。去年用咱合作社的钱，买了 70000 块钱的蘑菇和茶叶，咱们岢岚山上自己的蘑菇 300 斤和毛健茶 300 斤，那个都是纯天然，没有经过加工的。我们对土特产进行收购、销售，连本带利收入差不多 80000 块钱，除了 70000 块钱的本钱还有 10000 块钱的利润，这个也能作为咱们合作社的一部分收入。今年我还准备开发一下旅游商品，山西省六建公司在振兴乡村战略的号召下提出要打造宋长城旅游景区，现在工程队已经驻扎进去了。完工以后外面来旅游的人也就多了，这样我们准备开发一些旅游商品，弄些纪念品，还有地方特色小杂粮等，对这些产品进行收购、加工、销售，扩展旅游商品，增加收入。最后怎么进行，我们要通过股东大会，大家形成个思路后，再跟乡里面的领导沟通，然后把股东都叫回来召开股东大会，把想要开发的产品都介绍清楚。例如要卖一顶草帽、开发一个宋长城的纪念品需要多少钱，大会上大家商议一下，都同意然后开办；如果大家不同意，那么咱们再议，再想另外的渠道。

目前来说，合作社借出去的这些钱，收益还是不错的，贫困户是比较满意的。对以后的发展还是要慢慢地探讨，现在还没有一个成功的经验。虽然不知道下一步发展如何，但是我们很有信心把它发展好。咱这个除了贫困户互相借资金外，还有一些餐饮等也借过一些钱。比如在乡政府那儿开农家乐的就借了一些，去年他弄原材料手头有些紧张，借给他 50000 元。然后就是信用公司的一个人，装修房子的时候，借了咱们 50 万元，他借的时候就是 8 厘的利息。他经营的宾馆是承包县政府的，我们拿他 6 年的承包合同作为抵押，因为宾馆的运营等没有问题的，借款还没有到期，但 50 万肯定可以还清。

总书记来了以后，对我们开展工作促进很大。首先岢岚人的精神风貌与之前大不一样了，老百姓感觉日子更有盼头了，工作也更有劲头了。我们的这个合作社就是总书记来过岢岚以后发展起来的，我觉得现在挺好。在运行当中，咱们这个合作社在促进贫困户增收方面也是发挥了很好的效用。

这一年来，我们想了一些新的方式扶贫、脱贫与发展，大家都有劲往前发展。因为单靠传统的不行，村里有的人养着 5 只母羊，心里想着能下几只下几只吧，养一头母牛一年能下一个牛犊就下一个犊吧。咱们成立起合作社以后，他们再从这借上 30000 块钱，买上 3 头牛，一年就能下 3—4 个牛犊。扩大规模，改变传统模式，然后进行脱贫。虽然运营时间还短，但是有一些贫困户凭借这个，已经脱贫了。例如楼房底有一个村民借咱的钱之前有十几头牛，然后从咱们这借了 30000 元扩大规模，现在已经有 30 多头牛了。他的牛养得挺好的，挣了钱了。1 头牛 10000 元，30 多头牛 30 多万元，30 多万元的资产肯定不再是贫困户了。

春有播种，秋有收获。合作社立足宋长城脚下、荷叶坪腹地、油菜花盛开的独特优势，瞄准了榨油厂，苗圃基地，旅游产业，土地和闲置房屋收储，蘑菇、茶叶特色山货等项目，积极组建公司、对接市场，为当地群众实现增收创造条件。相信在攻克这场脱贫战役中，王家岔连心惠农乡村旅游专业合作社能够帮富、带富，心系老百姓，真正成为引领贫困群众致富增收的好帮手、家门口的及时雨。

永绿合作社，增绿又增收

2017 年，岢岚全县 48 个扶贫攻坚造林专业合作社承担了造林任务 6.09 万亩，产生劳务费 1489.69 万元，其中贫困户成员赚取劳务费 1244.45 万元，911 个贫困户成员平均获得劳务收入 1.37 万元，带动全县 911 户 2788 个贫困人口增收。岢岚县阳坪乡石窑坪村永绿合作社就是一个带领贫困户脱贫增收的典型。

王占厚是阳坪乡石窑坪村永绿合作社的负责人。他曾经当了四十来年的村干部，不仅带着村子里的青壮年们到处跑工程、讨生活，而且还以"一个也不能落下"为理念，引领全村男女老少一起种树，为脱贫攻坚事业贡献出了自己的一分力量。

我叫王占厚，是永绿合作社的负责人。咱这个合作社，去年由公司担任法人，今年就变成我是法人了，同时也是合作社的理事长。我原来是村里的支书，干了四十来年。去年换届的时候岁数大了，就不干了。因为春季种树挺忙顾不来，就专心地办咱这合作社。

我们村子叫石窑坪，耕地总共有 2000 来亩，370 多口人，生存条件也不算十分赖。精准贫困户去年是 43 户，后来又加了 11 户，最后是 54 户。咱村离县城 15 公里，我们现在还在村里头住着。咱那自然村有搬迁的，有的搬到县城广惠园，有的是搬到阳坪。我们村去年是整村脱贫了，但还要继续巩固。

合作社成立以前，村子里的收入主要就是种地，再一个就是揽工程。哪有工程，人们就跟上去哪。我有时候会承包一些工程，有的人做工程还要收摊派，人们也挣不下多少钱，跟上我就不用交摊派，也给个人减轻了不少负担。本村的人都是跟上我做营生，收入也不少。但是做工程人家就只要好劳力，像年纪大的、女劳力，人家不要。成立合作社后就不一样了，种树这事，不管是岁数大的，还是女人都能做，相对的劳动面也广了，增加了家里挣钱的人数。

2016 年 12 月份省林业厅办这个合作社，搞生态扶贫，以合作社带动贫困户发展。当时乡里头就在村里统计，让带动贫困户成立合作社，能分配下种树任务。早些年也没人种树，从去年才开始种。当时我们一个想法就是，人家其他人都想着发展，咱也不能辈辈做这个工程，咱也成立合作社，让人们种树。

我们这个合作社是 2016 年 12 月份开始筹办的，2017 年 2 月份就办成了，2017 年 4 月份县里头就根据省林业厅、市林业局下发的生态扶贫政策，在 4 月 13 号就给我们分下合作社。办合作社就是要吸收贫困户，最低得 20 户以上才能办。在这 20 户里面，贫困户必须达到 80%，像我们永绿合作社，去年办的时候有 20 户，其中 17 户是贫困户，3 户是非贫困户。本村大部分贫困户都跟上我们合作社干活。

咱们合作社的组织形式就是建理事会、监事会，就是在合作社成员里头选理事，理事会三个人，监事会三个人。再下来就是一年开几回大会，像我们平常需要商量了就在工地上开会商量，在工地上大部分人都参加呢。再一个还有办公场所，我们村子的办公场所在阳坪乡那里。

理事会就是重点负责咱合作社运作。理事会最低要求三个人，基本上是大家推举出来的，合作社前年开始办，是引领的。去年我算是引领人，今年变成法人，法人不是选的，在工商办下营业执照了才行。在村里边，大部分人也参加合作社，大家对咱们办的这个合作社也挺满意的。

去年是公司引领合作社，一个公司引领两个合作社。咱合作社去年是山西宏一公司引领的，山西宏一公司是环境造林公司。全县的造林统一规划，规划哪里能种了，县里把你合作社分到哪里，咱就过去种。当时我们就是在岢岚高速那两面种。

合作社去年的整个运作情况不错。去年种的树多，就那大树种了一千大几百亩。大树钱多，种一亩六七千块钱，种了一千多亩，六七百万元哩！去年岢岚高速这个任务比较大，这个钱给加大了。实际上去年就是按一个合作社100万元这么个营生给分的。因为是公司承包的，公司招的工，所以去年人家公司把钱挣了。人家就是按6:3:1的比例给分的钱：第一年是60%，第二年是30%，第三年是10%。人家政策规定合作社劳务费要占到工程款的45%以上，贫困人员的劳务费占到60%以上。比如头一年140万元的营生，60%就是80多万元，然后80多万元里头的45%，就是30多万元的劳务费，就是这么分的，整体也不赖。种树是季节性的，夏天两个来月，秋天一旬，大部分人下来挣个七八千块钱。咱们合作社里去年就数白宪明、韩巧梅夫妻挣得多。他两口子，一个人入的合作社，两个人去干活。他家两口子去年种树的收入，加上两个娃娃打工下来的收入，至少也挣个三几万块钱。你就按四口人算，平均人均收入也能挣个七八千块钱，这么干个两三年就能脱贫了。

今年不要公司引领，单独跟着合作社干就行了。今年咱们精准贫困户在邮政储蓄给合作社贷了 50 万块钱，这贷款也是一种扶贫。国家给的"五位一体"金融扶贫，1 户可以贷 50000 块钱。精准贫困户把这个款贷出来后给咱合作社，咱合作社再给他们 4%的利润，就是 2000 块钱。这 50000 块钱用作造林，他们入合作社是不投钱的，就是那 50000 块钱。也不是说全拿 50000 块钱，是合作社一部分人贷的 50000 块，一共 10 户。这个是只用名字贷款，不用他还。入合作社啥也不用投入，基本上就是以人力入户的，投工就能挣钱。

这个贷款回来咱就买苗子。买树苗是经过林业局，在本地能买上了在本地买，买不上就去外地买，反正统一通过种苗站，人家（种苗站）那统一调拨。买树用的就是贷的 50 万块钱。做这个营生就是咱们自己买树苗，然后是种一亩人家给多少钱，包括树苗子，是按整体算账。你比如说一亩 800 块钱左右，连苗子、劳务一共是这么多。劳务是按总投资的 45%，你比如说 800 块钱吧，360 块钱是劳务费，剩下 440 块钱就是买苗子、运苗子这方面的投资。

我们去年种的大油松树，今年是杏树、油松。这个杏树有开花的山杏，也有可以结果子吃的杏树，就是两种混在一起的这种。今年进行治沙工程，杏树主要是治水土流失。

这一年来，最大的变化就是人们脱贫致富的心劲儿高了，易地搬迁的进度快了，拆迁村庄数量多了，退耕还林面积大了，需要种树的面积也大了，我们可以多种点树了。像去年习总书记走过的小赵家洼拆迁了后，大的造林任务就出来了。我们还在水峪贯干了十几天，那个村子拆迁了以后也是种树，也是我们合作社给种的。赵家洼出来的前一个村子宋木沟，也拆迁了，那个村子还是叫我们合作社给种。因为去年宋木沟对面的那个山上，也是我们这个合作社给种的。一个是因为去年树种得不错，再一个是一个合作社整片连着种，种完以后浇水呀、管护呀，好管理。

今年咱们合作社人也多了，发展到 50 户，其中 41 户是贫困户。这 50 户占村里的 40% 吧，带上了大部分贫困户。人多了也有优势，县里分任务就是按合作社户数多的先上。社员入户，1 户只能 1 个人，干活的话几个人也能过来干。我们村有个叫李来兵的，他们家就是父子 3 个人干活。

今年我们是 4 月 10 号开始种树，比去年提前了 3 天。今年让我们村在岢岚高速顺坡坝湾那面种，任务分得也挺多，得好好干！整体来说国家这个生态扶贫，人们都觉得不错。成立合作社能带动上贫困户挣钱，能增加贫困户的收入。那几年没有这个合作社，就是有其他工程队来了，有些人也干不成。成立造林合作社大部分人都能参加。今年造林任务给分得 2600 多亩，1 亩 700 多块钱。按 700 块算的话，是 150—160 万元。按 160 万元付的话，40% 就是 64 万元，应该比去年收入高。虽然说造林不可能一直造，

合作社造林途中

但抓住这个造林机遇，造个几年他们脱了贫以后，再做做这个营生，做做那个营生，慢慢就脱贫了。

再一个就是国家政策好。种地这方面扶持的比较大，再加上生态扶贫。那几年说这个生态扶贫，人们也不懂这个事，那会想着生态扶贫咋个扶法？原先咱不理解这个事，现在退耕还林，给你退耕补助，护林员给你工资，植树造林给你这个劳务费。退耕还林，去年大退耕给的是 1500 块，今年小退耕给的 800 块。退耕还林和刚刚说的一样的，第一年给多少，第二年给多少，第三年给多少，按比例给的。大退耕应该是彻底不种了，小退耕还能在树苗里再种点啥，种经济作物，可能就是发展中草药这些。通过这两年实施，国家这个生态扶贫确实不赖！

今年咱们种树的地方是县城西边的阳坪乡舍窠村，图纸上写的叫舍窠，我们还是习惯叫坝湾。这离咱村比较远，早上 6 点半我们从县城拉人，去的时候全是用车拉，就咱自己的大农用车。上头焊了些架子，焊些架子安全。出去干活安全第一，你出了个事也麻烦。我们合作社出去干活入保险呢，花得不多，一人入

100 块钱的保险。去年也入，今年也入，最多能赔 30000 块钱，不入不行。 到了工地大概就是个 7 点半左右，走一个小时。走时带的干粮，中午不回家，吃饭那段时间就吃干粮。我们就早上去，晚上才能回来。这几天人家工地给拿的煤气，拿的挂面，就在工地上开始做饭。我们自己拿的调料，把吃饭的碗带上，再带点快餐杯，中午拿煤气烧点水煮挂面。有个煮挂面就不赖了，煮挂面热乎乎的，比那干方便面强多了。饼子吃着凉的，胃不好的人，难受呢。吃完饭中间再休息一会，中午 12 点休息到下午 2 点，2 点再干上会儿到 6 点下山，6 点下山坐车回来就 7 点了。有的村分得就特别远，东山就特别远，全县都有任务。

我们成立合作社，主要是引领贫困户，不能说这个人不行。老的不能种也得引上，虽然贫困户是老人，不要他也是不行的。挣的多少不说，反正你得引上贫困户。因为我们这个是打日工，你能多做多做点，你能少做少做点。反正你得来做呢，不做挣不了钱。以前种树，种上树人们也没个倒土的，现在种上树旁边那个圈圈都给你倒得满满的，人们就是实实在在地干活。只要是咱合作社的人，就都叫来种树。

我们是给打日工，就是你来干多少天就给你多少钱。村子里有这个强劳力和赖劳力，工资是好的赖的差开，差个二三十块钱，好劳力多挣一些，赖劳力少挣一些。她们女人每天挣的是 110 块，男人每天挣的是 130 块，差 20 块钱，男女不同酬。再一个老汉岁数大的也少挣一点。不是说只要是土地，咱就能搞定了，地的好赖也区别大了。种树有时候不是荒坡坡、土坡坡，就是石头块子。那两天种树的人多，人们往山上背树，这两天背不动了，就雇的

王占厚牵着骡子运送树苗

王占厚与社员们在捆树苗

骡子往山上驮。树根上面包的土重，把土扔了是轻了，但根上没土，树又活不了，还得带土。这两天种的杏树，一袋十苗树，一个人扛三袋，就是三十苗，重五六十斤，人们空手上山，身体都不行，所以雇了骡子，让骡子给驮上去。

咱永绿合作社不光是造林，除过造林以外，还要再引上他们做其他的营生。人们造林的时候跟上造林，不造林的时候也能跟上做工程挣钱。我们这工程营生是常年搞，去年是冻得不能做了才停工的，主要是给铁路上做工。

今年过了春节以后到种树前这段时期，就到铁路站做了两天的营生。种树这段时期不能揽，你得专心种树。只要不种树，一有营生就干。去年我们村有个人种树没跟上，做其他的营生跟上挣了 16000 多块钱，2 口人的贫困户挣了 16000 多块钱，好着呢。

我们合作社现在的任务：一个就是把树种好，给人家那树种活，保证存活率；再一个就是增加贫困户收入。咱弄这个合作社，也不能只是自己挣上钱，这个钱必须众人挣，特别是贫困户，要贫困户来做这个营生。永绿合作社，增绿又增收。我们不仅要保护我们的绿水青山，还要把它们变为金山银山。咱办合作社不仅要把众人带上，增加收入，赶快脱了贫，还要激发贫困户的脱贫内生动力，让他们用自己的双手奋斗幸福生活！

汗水换来幸福田

沈姚付，宋家沟乡口子村人，2017 年搬迁到宋家沟移民新村后，不等不靠，自力更生，通过种地、经营农家乐等，辛勤劳动，摆脱贫困。个人获得"脱贫攻坚奋进奖"，老伴儿被评为"脱贫攻坚最美女性"，家庭被评为"忻州最美家庭"。

我家是从口子村移民搬迁过来的，新家紧挨着三棵树广场，自打总书记离开宋家沟以后，这里是人来人往，热闹非常。老实说，今天的生活，真是想都没想到啊！

2018 年的春节，我在自家新房大门上写了一副对子，上联："脱贫致富奔小康"，下联："汗水换来幸福田"，横批："走出贫困"。凡来宋家沟观光的游客，路过我家门口时都会看上一看，照一照这副对联。我家也成了一处旅游景点。

之前我一直住在口子村，那个地方是出了名的贫困村。口子村在宋家沟村北面的山里，去王家岔乡的路上就经过村子。大路的东面是东口子，西面是西口子，我是东口子的。东口子有二十几户人家，贫困户就有十户，差不多占到一半。移民搬迁的时候，有六户搬到了宋家沟村。搬出来的这几户，他们原来的房子有的拆了，有的没拆。我的房子还没拆，还可以回村里种地了，东西啥的还在那儿放的了。

口子村生产、生活环境很差，人畜饮水全靠赶着毛驴去河里拉。河倒是离家不远，但得爬坡，很不方便。再一个就是村里面就没几个人，也没有小卖铺，平时买点东西也费事，遇上做饭没盐了，你还得专门跑到宋家沟买，耽误事了。去年5月初，我享受精准扶贫和移民搬迁政策，就搬过来了。我们老两口和二女儿共3口人，分了3间房，60多平方米。除了缝纫机、橱柜和水瓮是原来的，住的房子和里面的家具等物品大多数都是政府给购置的，我基本上没有花几个钱。搬家的时候，大的东西是村支书他弟弟开着奔奔车（奔奔车：农用三轮车）帮忙的，小的东西是我自己今儿搬上个，明儿搬上个。现在的环境好多了，我和老伴儿也能做点小买卖挣个零花钱。党和政府这么关怀我们贫困户，我们也有信心靠自己的辛苦过上好日子。

记得那会咱家里面没啥收入，日子过得很穷，供两个闺女上学也都没上完。大女儿上了七年级，就不念了。二女儿呢，高中读了一半，也不念了。她那会儿就想报一个音乐学校，还要去太原培训什么的，刚学费就要一万多两万块钱，因为家里没有那么多钱，女儿最后也放弃了不念了。现在想想非常后悔！但当时个人确实没钱，向别人借钱，人家也不敢借给咱，还怕还不了呢。

宋家沟是个大村子，以前人就多了，还净是惯熟的。这里离口子村也不远，我回村种地也方便。宋家沟村有两三个超市了，平时买点东西，出去就能买上，锅里做着饭去买也不误事。生病买药的话，出门就是卫生院，真是方便多了。

在口子村的时候，因为我是贫困户，政府帮扶我养猪、养鸡。自搬到宋家沟后，我和老伴儿在村委会的帮助下，办起了农家乐，卖起了凉粉、碗托。比起种地来，做这些小买卖收入要好一些。今年，我主要种了些黑豆、山药、玉米、谷子，除了留下自己吃的，其余的都要做成粉条、凉粉、碗托、瓷粉卖给游客。

种地收入看年景了，也看价钱。像前年，一斤谷子两块一毛五，去年一斤就是一块一毛五，这一半就甩下了，你产量上去，钱也多卖不下。还有掏下的山药，也没有卖，一个是不好卖，再一个我老伴儿就想用这个出点粉呀啥的卖，想做这个生意了，反正卖多卖少，也是个收入。做这个比卖山药还好，卖山药一斤下来也就几毛钱，卖那粉坨子，一碗就三块钱了，一碗凉粉也卖五块钱，这一年下来就挣不少了。

总书记来之前，咱就开始办这个农家乐了。当时想的就是，搬到宋家沟环境条件是好了，但每天要吃要喝了，总得有收入了吧。来这儿不能养牲口，种地的话，一年下来，也收入不了几个钱，生活就不行。再一个宋家沟是个大村子，本来就人多，总书记来过之后，到这里的游客就更多了。看到这些，确实对我有很大的激励，就思谋着办个农家乐。做凉粉、瓷粉成本不高，山药是自己种下的，用的韭菜和葱也是自己在院子里种的。人们吃得安全、放心，因为食材原料都是自己产的。算下来一天的成本大概也就30块钱，要是一天卖上100多块钱，也能收入个七八十块钱。我们刚开始卖的时候，村里面就咱一家。后来娃娃们放假，大人们回来没营生，也开始卖上了。现在村里已经发展到十来家了，也还好卖。

老伴儿卖豆面瓷粉和凉粉，遇上人多的时候，一天能卖个一百多块；要是人少了，一天也就三五十，不打不算也够本。去年下来也卖好几个月，大概收入八千多元。今年我卖得早，到现在有半个多月了，挣了七百多块。这也是将开始，主要是村里人买的吃，等天气热了以后，外面来的游客就多了，生意更好做了。

这就是挣辛苦钱了，你像我老伴儿吧，早上5点多就得起来。起来先出凉粉，做出凉粉才能吃饭，吃完饭还得出瓷粉，等最后都安顿下来就得9点多10点。完后赶紧把东西抬出去，抬到三棵树广场那卖，迟了还不行，因为10点、11点的时候，正是人多的时候，卖得好。早点卖完就能早点吃午饭，卖不完的话，两个人就得轮着吃上点饭继续卖。下午不出去卖，超过2点，基本上就没人吃了。

除了卖这些凉粉、豆面瓷粉，咱还能提供住宿。去年就有游客在咱这儿住宿，不过不多，就是太原的几个老师带着一群念书的娃娃来体验生活，在我家住了两黑夜。住宿是村里面的合作社安排的，你像床单被罩这些，都是人家提供的，咱没有。住之前人家先来看看你有几间房，要是你有两间房能住人，人家就给你两套床被。用完了以后，人家收回去，还得拿到干洗店去洗。昨天乡里已经安排了，说是过几天有八十多个游客要来，在咱这儿也要住些人。

去年国庆节的时候，我自己编，托人写了一副对子，写的是"撸起袖子加油干，双手办起农家乐"，上头是"心想事成"，就是想通过办农家乐挣些钱，游客也是拿出手机照了。

沈姚付所获荣誉

环境好，服务态度好，来的游客就多了。去年我们村共接待了三万多人，大多是慕名而来的游客。我靠自己的辛勤劳动办起了农家乐，也算是自力更生，自主脱贫。今年正月的时候，市里面给我颁发了一个"脱贫攻坚奋进奖"。除了这个，2017 年底的时候，市妇联举办了一个寻找"最美家庭"的活动，咱也被选上了，还给咱颁了一个"忻州最美家庭"的证书。还有今年 3 月份的，我老伴儿还被评为"脱贫攻坚最美女性"，这是政府对咱的肯定。

政府给咱的政策帮扶挺多的。像那个"五位一体"金融扶贫，就是拿咱的身份证贷上 50000 块钱让企业用，企业每年给咱 4000 块红利，一共给 3 年。除了这个，还有新农村合作医疗保险、养老保险和低保。过去，新农村合作医疗保险费是我们自己出，去年和前年就是政府给出了，还有养老保险，为贫困家庭缴纳，每个人交的是 200 块钱，我家 3 口人，缴了 600 块。养老保险我是今年开始享受的，每年 1140 块。我那老伴儿还探不上，她今年才54岁，岁数不够，一般得61岁。还有就是一年2670块的低保，这些都是国家帮扶的。

这一年变化挺大的，不用说宋家沟了，就说我们口子村这会也变化挺大。反正自总书记来过以后，到这旅游的人就多了，有唐山、秦皇岛的，也有北京的，还有太原、阳泉、原平和五寨的。学生来的也多了，学生们多就是中秋前放假那个时候来。平时也可以，就是假期时候来得多。有组团过来的，也有单个过来的。我们乡里头有了导游，也给讲解了。

国家帮扶咱，带领咱过上好日子，咱就得一直记着了。反过来，咱也得跟着党和政府走，响应党和政府的号召，不怕吃苦流汗，日子肯定能过得好。就像我那个对联写的："脱贫致富奔小康，汗水换来幸福田。"

咱更得扑下身子干

张贵荣、马黑女夫妇四十多岁，李家沟乡水草沟村人，夫妇二人勤劳致富，后因张贵荣生病致贫。张贵荣病情有所缓解后，通过政府帮扶养羊脱贫。马黑女评为"脱贫致富最美女性"，在微信上投票，马黑女获得了忻州市第三名。作为一名脱贫致富的模范，她已经写了入党申请书，想成为一名共产党员。

我们俩都是水草沟村长大的。水草沟在岢岚县西北方向，离县城 40 公里。水草沟总共是 38 户人家，贫困户就有 25 户，村子里面孤寡老人就有八九户了。2014 年，我家日子过得不好，被村里评为贫困户。

咱没文化，小学还没毕业，在村里面就是个种地、放羊，媳妇除了和我种地养羊外，还是村委妇联主席，妇联上的营生干了也有三四年了。当时说村委里头必须得有一个女的参加，就选上她了，因为她念了半年初中，识字，别的人有的上岁数了，有的还不识字，达不到那个条件。

我俩是 1994 年腊月结的婚，1995 年生的闺女，还有一个儿子，

225

比闺女小三岁。闺女现在已经结婚了，嫁到五寨了，小子这阵儿在县城同心汽修厂学修车了。

村里面我们种的主要是玉米和谷子。其实种甚也行，主要是说这个经济收入。玉米和谷子产量高，就算价格有些低，它经济也能上去。其他的，像胡麻、豌豆，这些产量低，你就是再好的价格，经济收入也不如玉米和谷子。我现在种的 120 亩地，自家的有 50 亩，承包的有 70 亩。种得多不一定收入多，这要看它的产量和价钱了。产量主要又看田面好赖了，种在地里，收在田上，田面不好了，产量它就下去了；田面好了，产量就上来了。像去年，好年景，亩产量平均下来也有 800 多斤了。2015 年产量就不行，旱了 50 多天。再一个，就是价钱。总的算下来，好的情况下，除去种子、肥料这些，能收入将近 40000 多元哇；不好的情况下，你就白干了，还把人力都扔进去了。

除了种地我还养羊了，那是 2016 年发展起来的。那时，乡政府给我补贴了 12000 元，叫我养殖。我就买了六十来只羊，后来慢慢发展，现在就有一百五六十只羊了。

我现在的生活好了，以前可不行，尤其是刚结婚那会儿。那时我才耕的二十来坰地，粮食价钱不行，产量也上不去。主要咱还是穷哇，没钱上肥料；肥料上不去，它产量就不行。那阵儿也是有小孩，老婆要带小孩，我一个人种，忙不过来。那会儿还没开始养殖，没有实力买羊，一年种地收入才几千块钱。

当时村里普遍都穷。你种地收入不行，总得想别的法子了，就是个养羊。靠耕地哇，它是一年一回收入。你今年收下来，明年春起了，又得投资，实际上是倒来倒去的，反正你饿不上，也闹（闹：挣）不下。养羊不一样，你养上羊，卖羊绒它有这个绒钱；绒钱下来，羊吃料呀这些开支就够了。除过这个，再下上些小羊羔，顶得多了，还能卖些大羊，这个就长了钱了。

2004年我咬了咬牙，贷了10000块钱买了羊开始养羊。养羊刚开始见不了利，你马上收入不了。因为它下下羊羔，等羊羔长大点，大羊才能顶得出栏，才能卖了。所以前三年它就是没收入，算下来就是说，连成本也不够。过了这三年，后面才开始有收入了。我是到了2011年，养羊才开始有收入。

2011年正好是羊身上出利的时候，我却病得不能放羊了，为了看病就只好把羊卖了。当时就是因为放羊得的这个病，风湿性关节炎么。那会儿一天到晚都在外面，冷天也得出去，受凉了，加上苦也重，一年下来基本上不吃午饭，就是在野地里头吃点干粮，熬（熬：累）得病倒了。病倒以后就是处处看病，那花销大了，前后花了就有十万多。这么多钱，咱从哪儿闹？没办法，只好是个卖羊。这样，从2004年开始发展起来的一百多只羊，又都卖了。

看病看了两年，病好了，一群羊基本上就花完了。当时找的个老中医，冬天给做上丸药，吃上一段时间。平时要是说疼得不能，就把止疼药买的吃上一些。一天下来，吃那些中药和胶囊，就得个八九十块钱，满满吃了一年么，算下来得多少钱！

看病这两年家里面没啥收入，我花销又大，真个是耽误孩子了。女儿高中毕业就不念了，小子正是那年准备上高中了，没考上。我说你要不再补上一年，人家说算了，家里面哪还有钱了，也不念了，最后两个孩子都没念成书。

我病了以后，有半年多时间，基本上甚也不能干，就是媳妇给做了。她也是逼得没办法了，和我父亲去地里头耕地、种地，最后啥也学会了。地里面回来还得做饭、喂羊、照料我，苦可重了。

反正得生存，还是要干活呢。2011 年、2012 年那会儿还是自家种的那 50 亩，2013 年前半年我稍微有些缓解，又承包了别人 70 亩，成了 120 亩地了。种庄稼靠天吃饭，看年景，除了种子、化肥、人工这些，年景好的时候，一年的纯收入也就是八九千块钱；年景差的时候，人都贴进去了。我腿疼得不能拉上牛去耕地，又咬咬牙买了个四轮拖拉机，总不能不种哇。有个车，她给撒肥料，我坐在那上面就能耕，不用来回跑了。

从 2014 年开始，精准扶贫工作全面展开，国家对咱的帮扶也挺大。像我报的是易地搬迁，政府就在广惠园那儿给我安置了一套楼房，帮扶我发展畜牧。2016 年国家补助了 12000 元，加上贴息扶贫政策，我自己又贷了 18000 元，买了 60 只绒山羊。绒山羊是毛能卖，绒也能卖，价钱也可以。一只羊均下来能剪个一斤三四两的绒，去年一斤绒就能卖 100 块钱。

除了卖绒，小羊羔顶得咱还能卖大羊，而且咱这羊是放养的，还比那圈养的肉好吃，因为它吃的不一样。咱们那羊就在山坡上放了，哪个草好吃，它就吃哪个。就像咱们今天想吃个大米了，明天想吃个馍馍了，其实这个羊也是么。它闻见这个草好吃，它就吃这个草；那个草好吃，它就吃那个草。你圈在家里头，冬天粉碎玉米秆子喂了，夏天喂的是专门喂羊的那个草，它营养就上不去。反正核算下来，养羊比养牛好，放养还比圈养好。再一个咱的实力也达不到圈养的程度。圈养你得有场地，还得种草。场地倒是好弄，主要你得配机械了。捆草机捆回来以后，你还得粉

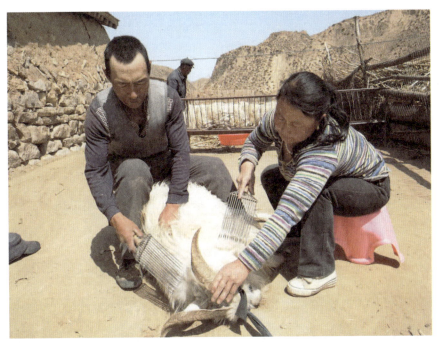

张贵荣、马黑女夫妇在薅羊绒

碎了喂羊，要有粉碎机，还得有切草机，没这两个机器你就闹不了。咱们还是经济有些上不去，没那个条件。

反正养羊靠的就是辛苦，虽然说投资小，但没好天没赖天，你天天得出去了。咱这人确实是有辛苦么，能干下来，人忙起来中午饭顾不上吃就不吃了，随便拿些干粮就走。但是羊不吃不能，除非是下雨下一整天，这不能出去；要是下半天，雨一停，也得出去了。冬天的情况还比夏天好点，冬天下雪也得出，但是下雪就没下雨受罪大。再一个冬天跟前的地人们都收了，收了以后你就能在地里面放，不用专门去那远坡。夏天就不行，你像从现在开始，人们就种地呀，你就不能在地里面放了。放的时候你还得跟住羊群了，它走一步，你就得跟它一步，不跟的话，羊进了地，把人家那地膜踩烂了就不行，长出庄稼了还给人家吃庄稼。所以

229

这段时间不能进地，就得在荒坡上放了。荒坡上，还不能在那退了耕种上树的地方。放羊的同时，地还得种。早上早早就得去地里面干活，到了11点多，再回来放羊。

放羊一出去就是半天，像四五月份，晚上7点半左右回来；到7月份的时候，天长了，回来就得9点左右。尤其是这阵（4月份）越得早起了，你地里头还要干活呢。起来以后你得扫开场地，把料撒下去喂羊，还得把水担过去。喂了以后才能去地里头了，这中间就得好一阵。羊能走了，你再从地里面回来去放羊。忙得你就吃不上饭，觉也睡不了。冬天庄稼收回来，地里面没营生了，

张贵荣、马黑女在喂羊

这才能迟起一阵。

养羊必须得下辛苦，你要是对羊不当回事，不好好对它，它就不扶你。冬季你赶坡上放羊，碰到下雪，羊就没个吃的，这就得喂料了。咱这个羊不喂专门的那种饲料，就是个人地里面种的

啥喂些啥。再一个冬天羊就要下羊羔么，你不喂料，营养就上不去，下下的羊羔也不行，所以就是早下雪早喂料，迟下雪迟喂料。一只羊每天均下来得六七两料，就那大袋子，三天就得喂两袋，每年要喂四个多月的料，夏天以后就不喂料了。你多一点辛苦，落住这个小羊羔你才收入大了，你落不住这个小羊羔就不行。

养羊还需要学会给羊看病。羊病了，你给人家打电话，等人家来了，就误事了。平时自己就得琢磨这些事了，买上些个药，放在家里备用，一有啥就给它打针吃药。羊生病的时候，一般就是个拉稀，肠胃不好么。尤其是小羊，天气不好，一冷一热的，就容易拉稀。还有就是羊发皮，就和咱流行性感冒似的。羊感冒是季节性的，主要是在春天。春天新鲜的草还没长出来，吃不上新鲜的，干的它又不想吃，就容易生病。再一个清明至夏至这段时间，就像脱了棉衣换了夏衣了，遇上个变天，它就容易感冒了。这个时候，就得特别留心，像照料娃娃一样。

反正你得勤快些，时常看的了。早上喂饲料，把饲料撒在地皮上，你就得看哪个羊没吃，它如果不吃的话就是有毛病了，你就得赶快给喂药。它还是小羊羔么，你要是不喂药，它看见大羊走了，也就跟着走了，这就耽误下了。

再一个你今天放羊回来了，有个病羊，你没注意到，这你倒闹下损耗了，所以放回来，你必须点一遍数，出去是多少只，回来是多少只。点的要是缺下一只，你就得返回去找。头天放羊的地方找不上，就得再往前赶，把上一个礼拜放羊的坡也要找了，尽量避免损失哇。

我现在情况好了，这主要是人家政府帮扶咱们。政府帮扶好咱，咱也尽自己的力量帮扶其他人哇，反正咱就靠咱的辛苦，好好干哇。农民就要靠辛苦了，人家帮上你，给上你点，你坐下不动，不舍辛苦，你还是不行哇。再一个人家帮扶给咱们一些东西，打下基础，你必须得在这个基础上发展；如果帮扶给你，你不发展，等于是没帮扶。就好比人家给上你十块钱，你拿上这十块钱慢慢赚，这你才能发达了；你坐下把这十块钱吃了，纯粹甚也没了，你能发展成个甚了。

辛苦是辛苦，反正在政府的帮扶下，咱这两年发展起来了，生活也好了。人家政府也一直帮扶的咱，咱没理由不好好干，就是人家不帮你，你也得辛苦干了。我现在身体好了，又有好政策，下一步就是说继续弄这个养殖，把养羊的规模再往大扩一下，再增加些羊。咱有这方面的经验，有把握，有信心。养羊受罪是受罪，但是比种地有把握。行情好了，就能多卖些钱；行情不好了，咱也能闹个辛苦钱。

说老实话，在咱这地方，养羊是脱贫致富的好门路。你养上一百四五十只，绒钱下来，卖还卖个一万大几两万来块钱了。规模大了，能下羔的也就多了。就说你有 50 只羊能下羔，一年下上两茬，就下 100 多只了。去过损失，咱咋也能落下七八十只小羔。你落下小羔，才能顶得出这个大的了哇。落下七八十只小的，大的就能出三四十只，这才够你第二年放了。这就是说规模不能下去了，你要是规模不行，第二年你就不够放。你放一百五六十只羊是一天，放 50 只羊也是一天，这个收入就差下了哇。

倒是说规模大了好，但也得有个度，咱们那个地形毕竟有限。再一个山坡上路不好走，羊多了，挤得就容易从坡上跌下去，这损失就大了。夏天人家地里头你不能进，只能在山坡上放，场地小，你最多也就能放二百来只。冬天就不存在这个问题了，羊上个三四百也能，因为地里没庄稼了。

养羊规模上去了，质量也得上去，政府帮着咱买回了好的种羊。2016年我买的那羊，母羊就不会下羊羔子，下了死得不能。刚买回来那会儿，换水土就死了二十几只，好在我养了几年，有些经验，才减少了些损失，所以养羊就得养好羊了，买不下好的，就没法儿闹。你像我最近买回来这一批羊，到这会儿就有五十多只羊羔了，都是好羊。6月还有一茬了，还能落个二三十只。今年人家乡里面从三井种羊厂拉过来两只种羊给我，也是帮扶吧。人家那就是好羊，发展起来行情就好。

羊的销路也不愁，卖羊就是有专门的羊贩子。你要是有能出栏的羊，你就联系人家哇。联系好，他就来找你了。羊绒也是人家来收购了。还有一种，就是人家想接羊了，他就出来主动找你了。

反正咱就是自己下辛苦，每天忙得也没时间关心别的。正月的时候村里面唱戏了，那天有人问我是不是唱戏呀，我说我每天忙得哪有时间出外头打听，我也不晓得唱不唱。天天就地里头忙，街上也很少出去。有时候一个月村里头的人也见不上咱，咱也不见人家。早上出地，没等他们起，我们就走了；晚上放羊回来，人家倒安顿好了。咱回来安顿好就挺迟了，也就早早睡了，连电视都没时间看。

甚人也有甚人的生存法了，不能说咱们不识字，就不能生存了，咋个也有个辛苦了哇。咱活了这么大岁数了，也就是这回赶上好时候了。现在，从国家到县里的各种帮扶政策，那是没说的。

党和政府帮咱，咱也好好干，就像习总书记来咱岢岚说的那样，撸起袖子加油干！扑下身子把咱自己的事情做好，不要想太多。

今年 2 月份忻州市妇联在网上评那个"脱贫致富最美女性"，在微信上投票，我家马黑女获得了全市第三名。她现在心劲儿可大了，还写了入党申请书，想成为一名共产党员。

搬迁户的心声

我的生活可真变了

　　张秀清，53岁，赵家洼村村民。在赵家洼的时候，
他是村里的养羊户。搬迁后，在政府的帮助下，夫妻
二人都找到了工作。

　　我家里有四个大学生，两个已经毕业，两个还在念书，属于
因学致贫的那种情况。赵家洼是个贫困村，这个大家在电视上也
都看到了。论地来说，其实也不少。我们家6个人的地，共35亩。
关键是这地大多是梁地，产量低，还不好种。平地只有3亩多，
还不到4亩。水井附近有1亩左右，河槽那里有3亩左右，这些
地在村里面就算好地了。

　　我家养了十来只鸡，还有些羊，种上些地，也基本上能生活了。
不过，孩子们上学，主要靠的是那群羊。当年养羊的时候，也是
没办法。一个庄户人，供这四个娃娃念书，真的是不容易。四五
年前，娃娃们有的在县城里头念书，有的在阳坪念书。每次回来，
总要给拿钱。在咱这个地方，你两个人光种上那些地，顶不上甚事，
根本就无法供养孩子们念书。没办法了，我就外出打工，老婆在
家里面种地。她一个人种的三十多亩地，还养着一头骡子，耕地、
拉粪就靠这头骡子了。家里还喂着三头猪。我一个人出去挣不了

多少钱，还是供不起这四个念书的。另外，我出去打工，家里没个男人，很多事情就得靠我这老婆娘家人来接济。我老婆家姊妹四个，她是老二，还有一个兄弟、一个姐姐、一个妹妹。她娘家比我家的家底好一些，我家的家底太差了。说起来就话长了，我们俩结婚的时候倒是改革开放了，不过，咱这穷地方，还偏僻，当时还不时兴自由恋爱，双方父母愿意，闺女们没反对的权利，她就嫁到赵家洼来了。这一晃也就29年了，跟上我可是受苦了。

刚才说了，我老婆娘家家庭情况好一些，我家没有钱了，大多时候就问她娘家人借上，欠下饥荒慢慢打。就这样，这四个娃没有半途而废，也就快都供出来了。家里那个苦呀，别提了。你看人家们的娃娃出来吃些甚，看我们的娃娃吃些甚；看人家们那娃娃穿些甚，看我家那娃娃穿些甚。

孩子们念书，开学最发愁，四个娃娃一开学都要钱，你给娃们拿不上钱，他们就没法去学校。一听见娃娃们要开学，我这就开始愁上了。在我们村，我们家穷，别人家也不富裕，开学的时候你借钱也不知道该去哪儿借，那几年我可着怕了。我们两个就合计，要不都出去打工吧，两个人肯定挣得多。可又想，外出打工了，孩子们放假回来，连个去的地方也没有。我就琢磨着在村里面能做点啥，最后就开始养羊。

养羊也不是一件容易的事情，我们这里主要是放养，放羊这营生可受罪了。你要说最省事的，那肯定是圈养，可是圈养又成本高。人们都以为养羊收入高，实际上养羊也得看机遇，收入并不稳定。每年秋天，养羊户会卖掉一批大羊和小羊羔，在行情好的时候多卖一些，行情不好的时候少卖一些，这才能见到钱。卖的时候，也要留一些小羊羔，要保持百十来只羊的数量。养得太多了，一个人放不了；养得太少了，挣不了多少钱。

养羊是苦工，可辛苦了。就说我家吧，我们两个人天天5点起来，你得赶紧做得吃上一口饭。先是拉粪，拉粪完了是喂料，喂料完了你担上几担水——我们那地方还是担水。水担回来了，也就是10点多了。上午11点前，我得把羊赶出去。我出去了，我老婆还得在家里喂小羊羔，还要往回背一垛草，接着把草切了；她还要担一百多只羊喝的水。晚上8点多羊回来，把羊圈了，才能再吃一口饭。整个一天忙得很，每天都这样。

不管下雨，还是下雪，一年365天，羊每天都得出去。人可以一天不吃饭，可羊总得赶出去。羊不出去活动活动，就得病了。夏天还好说，到了冬天那个罪受得可大了。去年正月初十晚上，从黑夜12点多到1点，很多大羊开始下崽。第二天打早，天还没完全明，就下了30只小羊羔。那两天，天太冷，还下雪呢，我们两个人就一晚上没睡觉。先是在羊圈里头生火，提高圈里的温度。我们还得借上人家们那吹头发的，给小羊把毛吹干了。下雪了，那么冷的天，毛不干了小羊就都冻死了。再者，那小羊羔一下下来你还得喂它奶粉。过一段时间，吃上它妈的奶就不用再喂奶粉了。养的时间长了，有了经验了，羊的成活率也就高了。我这群羊有30多只下羊羔的母羊，净是一对一对地下，两三年就下了80多只小羊羔。一般来说，山羊一肚下1只，下2只的不多，不过去年我的山羊下了2只的多。下得多了，也有奶不够的，我就把小羊羔给别的养羊户了。上次下了30只小羊羔，就给了人八九只。有的时候，羊的身体不好，奶也就不好。你就得留下1只，给人 1 只，不然奶上 2 只都得往死饿。

我家和村里的其他贫困户不一样，是因学致贫。村里很多人怕花钱，娃娃们小的时候就不让念了。我们两口子和他们的想法不一样。我们两个小的时候都是家里穷供不起念书，都没学下啥文化，我初中文化，我老婆小学文化。这辈子受尽了没文化的苦，只要娃娃们念，他们能考上，我们卖房子、卖地也要供他们。

我家有四个孩子，三个闺女一个小小（小小：男孩），都是大学生。家里女儿大，儿子是最小的。大女儿和二女儿已经大专毕业，找工作了。我的大女儿今年 29 岁，在太原打工；老二 26 岁，毕业后已经嫁人了；老三今年 23 岁；儿子 21 岁。念下总比不念强，你要不念，找的营生就是苦力活；你要念下，就是脑力活。当时穷，两面的老人还得照料，本来二闺女考的是三本，大闺女考的是二本，一时走不起。那会想叫二闺女迟一年上，叫她姐姐先上，二闺女不同意么。最后，老大和老二姊妹两个一样，都是在青岛念的专科。那会儿要是念出个大学来，可能她们现在的工作会更好一些。我家小小学的工程类，据说，这个专业工作好找一些。

这阵（这阵：现在）三闺女和我那小子还在学校上学呢，三闺女在临汾的山西师范大学念书，三年级了；儿子在河南理工大学念书，今年后半年要毕业。这两个娃娃也是争气，一考就是一本。说实在的，这小地方像我家这样一家能供出这么多大学生来，也是稀少的。

这些年政策不赖，真的比我们小的时候好多了。娃娃们上学，学费是无息贷款，年年有。我娃上的是本科，就说去年吧，政府就给帮了 6000 块钱。村里念技校的、艺校的，可以享受到 2000

元的"雨露计划"。"雨露计划"是这两年才开始有的,我们那个闺女上大学的第一年,还没有享受到"雨露计划"。"雨露计划"需要从网上申请,只要你是贫困户,符合条件就能资助你2000元。不过,"雨露计划"和6000元的赞助不能同时享受,这事情我去扶贫办问过了。另外,人大扶贫工作队说了,6000块钱的赞助会年年给,直到娃们大学毕业。几时不念了,政府也就不管了。说实在的,娃们争气,学校也不赖。闺女念书好,在学校还获得了奖学金,一年也能得个两三千块钱。

我那两个娃娃,一到礼拜天或者国庆,就出去当家教去了。就说儿子吧,两年没回家了,放了寒假、暑假他就在外面打工呢。今年,他只在正月回来住了三天,过了十五,就又走了。我那两个闺女也是,一到礼拜天、国庆节这些假期,她就出去给人家那娃娃们当家教,一有空就出去挣钱了。寒假的时候,我问了问闺女,毕业后要做甚,闺女说还想考研了。这个我也不懂,不知道她考哪呀。孩子愿意上,我再吃苦受累也支持。

我们也还年轻呢,只要两口子好好的,有个营生就行了。这两个娃娃再念出书来,也就好些了。

总书记来的那天,我放羊去了,老婆在家。总书记看了三家精准贫困户。我家有一群羊,不算精准贫困户,总书记就没来。我回来了,老婆告给我说,总书记长得高,说话的时候脸上带着笑容,可是平易近人了。咱赵家洼老百姓都说,总书记好相处。再说了,真格的,人一辈子能见几回总书记呢?总书记从蔡家崖,到赵家洼,再到宋家沟,也真是辛苦了。总书记给我们带来了福气,很多人来赵家洼旅游是为了走总书记的路线。许多人给我们送来了米、面、油、新衣裳，还有暖壶、洗衣粉、洗洁精，医院的还给送来了药品，反正东西可多了，对咱可是关心了。

人大扶贫工作队就在我们村住着。他们经常给送些米呀、面呀、菜呀、水果呀、豆腐呀、肉呀之类的东西。我在外放羊，这些东西都是他们亲手给了我老婆。

去年7月份，我们在广惠园的房子就定下来了。8月3号，我们家就搬到了这新房子。我搬迁的时候，村里面也就剩下五户了。整村搬迁了，就开始复垦。10月的时候，复垦也就结束了。现在，这个村就丢下那个井跟那个村委会了。

我们愿意搬下来。一个村也没几户人家了，那三家一走，就剩下我们两家养羊的了。况且去年县里就让退耕还林了，都要种树，羊要放养也没地方吃东西了。

去年8月，我们就搬到了这广惠园。按照同步移民的标准，我家这房子是82.33平方米，算4个人的。国家按标准给补了钱，另外还有老房子的补偿，也都算在了这新房子里。相互抵消了，我们没出钱就住进来了。如果按照市场价买这套房子，也得20来万元，这辈子也买不起。

房子下来后，政府还给了我们赵家洼这五家装潢的钱，每家是10000块，人大工作队给找的装潢公司。政府要是让搬，这还没装潢，没法搬。那几户也一样，也没有装潢的钱。政府也是考虑到我们的难处了，让我们自己找人装修，这个钱肯定是不够。这都得感谢咱工作队，感谢咱县政府。

不单单装修，家里的东西也是人大工作队给的，比如家具、沙发、煤气灶都是搬进来就有的。另外，还给了铺盖，两套双人的，

张秀清夫妇在新居的合影

一套单人的。我们都没花钱。

如果说这家里哪些是自己买的，那就是这电视机和饮水机了，一件是大闺女给买的，一件是二闺女给买的，我们两口子也没花钱。

进了城了，住了楼了，我原来那东西，净砍（砍：扔掉）了，都拿不走了。在赵家洼的时候，除了种地外，我还养着一群羊，原来想的是赶紧把这两个娃娃供养的念出书来，再给那个小子娶了媳妇，我们也就不养这羊了。这不，去年县里就让赵家洼搬迁，我们想也不敢想，就住上新楼了。说实在的，国家已经帮得够多了，剩下的我们应该是能自己解决了，不能什么都靠国家。

来到城里不赖，我的生活可真变了。进了城了，吃的苦也轻了。按时吃饭，按时上班，按时睡觉。不过，进城前，我还是有点担心，城里不比村里，住在楼上，没有个营生，没法活。这不，搬到城里后，工作队为我们找了个营生。现在，我在县城西面的鑫宇焦化厂上班。焦化厂距离咱这广惠园也就七八里路，早晨我骑着摩托车，顺便把老婆送到赵家洼，她现在是护林员，我下班的时候再把她接上。到厂子里面上班，时间要求就严格了。早晨6点多起来，吃了饭，8点前就到了焦化厂上班，中午12点下班。回来吃了饭，下午再2点上班，6点下班。在焦化厂，我主要负责的是绿化。苦也不重，收入吧，底工资是2500元，一个月也能领2600元。在焦化厂上班，比放羊强，首先是没啥苦。再者，收入也稳定。在赵家洼的时候，我那140只羊，经常是我和老婆两个人放。大羊我赶上山了，小羊跟不上，太小了，也上不了山，老婆就得在河槽的平地上放小羊。

我老婆当护林员需要天天回村，也没啥苦。护林员的任务就是不能让羊上山把小树吃了，也要告诉山上放羊的、上坟的、种地的不要放火。县里一年给交的2000块钱的保险，如果羊没有吃了树，也没有发生火灾，就能挣11000块钱；要是发生了事情，你那2000块奖金就扣了，就只剩下9000块钱了。住到城里，物业费呀、电费呀、水费呀都需要钱，有了护林员这个万数块钱的收入，我们家就更宽松了。把所有的收入加起来，我和我老婆一年差不多就是40000块钱，这个收入家庭也就能维持了。6月1号开始，赵家洼退耕还林了。当护林员的同时，也能跟上栽树，一天也能挣个百八十块钱的。

赵家洼一共是四个护林员。范围是北到宋木沟，南到骆驼场。这地方大了，四个人不能在一个地方职守。每年秋冬季到清明前后是最容易出事，在这段时间里，容易着火。说实在的，焦化厂的工作、护林员的工作比养羊苦轻多了。即便是护林，也就是空

张秀清的新工作

人上去，空人下来，下了雪了就可以不用去了。养羊可是不分春夏秋冬，不分下雨下雪……

习总书记来过以后，外头的人们去了赵家洼，有的就问我们："没选上精准扶贫户有没有怨言？"我说，我们没怨言。又问："为啥没有怨言呢？"我说，靠我们的双手，供了四个大学生。虽然是穷，穷点不怕，只要娃娃们有出息，就能看到希望。

骆书记和楼省长来过赵家洼好几次，村里面的人都认得了。我这情况特殊，骆书记来了都能认得我了。我们家养的羊，经常往出拉粪。那次，正出粪，骆书记过来了，他就喊我是老张，喊我老婆是改兰子。真可没想到咱省委书记都认得我这个放羊的了。你看，咱党的领导可真好呢。不管咋样，咱得记着人家们的好，孩子们大了就让他们好好回报社会哇。

我就是一个老主意，共产党好

李改怀，宋家沟乡东沟村人，2017 年易地搬迁到宋家沟，从此告别了吃水难、看病难，过上了幸福日子。李改怀经常说的一句话是："我就是一个老主意，共产党好。"

我叫李改怀，娘家是乔家湾，家里原来有三个兄弟姐妹，我是老大，兄弟老二，妹妹老三。我以前在村里也上过学，只上过二年级，认得些字，会写我老伴儿和我的名字。老伴儿没念过书，就是后来在村里念的民校，实际就是扫盲呢。

我们原来住的是孙家岔，风力发电的山疙瘩那儿，从孙家岔出吴家岔就得 15 里呢，吴家岔出来又 20 里。后来搬到东沟村又有很多人家搬走，只剩下 10 户人家了，东沟村离宋家沟有 7 里地。

那会儿在东沟村可不好活，全靠毛驴驴驮水呢，吃水就得节约。水源离得远，要过三个村到沟底的河边才有水，一个来回得花三个小时。去时是下坡，回来是上坡，每次拿驴车驮上两担，可重咧。还得把桶捆住，圪蹴不下，这就愁得来。往下走，咚地一下，我心里想这要把桶颠烂呢。驮回去拿不下来，我们人老了，指挥不了那驴。驮水很艰难，驮回的水，人要吃，驴要饮，女婿们要洗漱呢，我说你们节约些，这儿的水不是自来水。我们往出搬之前好几年，政府把水引得更近了些，就那也得一个多小时。现在搬出这儿来了，有了自来水了，这可踏实了，都是锅头上的水了，越来越好了，我可高兴哩。这倒是爱洗啥洗啥哇。

毛驴驮水省了劲，可养个毛驴也不容易，花费大着呢，又是吃草，又是吃料。毛驴要吃玉米，为了养驴，我和老伴儿种了几亩玉米。

在东沟只靠种地，我很爱种地，见地就种。就和电视说的一样，地是命根子。有辛苦了就是有吃有喝，他们还得问我借呢。他们不勤快，还在睡觉，我就起来去地里劳动了。别人说我们家有辛苦呢，过年换新衣裳了哇，平常就是烂衣裳。我说受苦就得烂衣裳呢，过大年就得新衣裳呢，得换了么。出门时候穿上新衣服，回来赶紧脱下放起，就那烂衣服劳动呢。我闺女说你穿上好的，我说又是泥又是圪渣，哪能穿了个好的。我那会儿还能挣钱呢，多闹上点粮多卖上点钱。我还养的鸡，用鸡蛋换。我那年轻的时候，骡子也年轻了。我给遛牲口、拉牲口，腿不疼。这会儿老啦，一年不如一年了，全靠药养得了，去地里也误事了，全凭老伴儿一个人，就困难了。我一年比一年老了，有了病啦，腿疼、胳膊疼，在那儿的时候就在炕上躺着咧，人家残联的还去我家看我，说我就是艰苦呢。

那会儿在村里种二十来亩地，自己有十来亩，承包了人家些。老百姓说："掏上坡坡，吃窝窝。"家里的地最远的有一里多，去地里时，拿上水，拿上干粮，中午也不回家，过十五也就在地里拾掇庄户咧，要不拾掇不完。山上的地最大的一块有六亩。那也能多产咧，胡麻垛得很多，就跟山似的，种的莜麦也很多。地里是一年胡麻一年莜麦，我年轻时候，二十几三十几岁，能种过来，一天割一亩多地呢。我这手可大了，受苦可行咧，就是腿不行，干部说咧么，她腿不行，出去割得倒是很好，我评的工分高了。我的腿从小就是这病，这会儿是受苦受得凉了。吃河水呢，为了担水凉坏了。原来30多亩梁地都退耕还林了，1亩地补助1500元。现在就种着2亩平地了，去年一块种的谷子，一块种的山药。山药长得挺大，岚县的人就收上走了。今年地里还要种山药，因为它产量大，年年种也能了，还省事，机器翻起来，装上袋袋，人家来了就拉上走了。大土豆能卖2000块钱，还有那小的，能磨粉子、压粉条。

我们搬到宋家沟就和乡政府说，看能给我家（王成仁）找个扫街的营生吗？乡政府安排他扫街，老汉现在扫街一个月挣800块钱，没有其他收入。我老伴儿很有辛苦的，在村里也是就在地里劳动呢，吃点饭就走了，不然哪能买起冰柜、洗衣机，村里电费数我们家多呢。真的还是有些辛苦才有的吃呢。

我不能种地了，就是在家里做饭、做凉粉、卖雪糕。这个病就拿住我，心里是想做呢，但干不了了。乡里给焊的冰柜车，让卖雪糕呢。老汉拿上干粮回去种地了，我还替扫街咧。这还是全凭共产党给的这低保、养老金、种地补贴款，啥也有。来了这儿过年给贫困户白面、大米，啥也给，共产党真好。我出来挺健康，心情也好。政策也好，总书记也好，我就是看总书记呢（看着墙上的油画说着）。

李改怀的院子和新居

　　一开始说搬的时候，我就挺愿意、挺高兴的，村里十家人都搬出来了。有些人不愿意，他们说看你搬出来咋呀，高兴的你；搬出来看你吃啥喝啥呀，把你往死饿。我说不怕，共产党好，总书记关心咱们贫困户，叫咱搬到好地方去。我说走哇，出去自来水吃上，新房子住上，白面、大米给上，你还要怎呢？

　　在东沟时，我不是搬家么，一只手拎着一个尼龙袋子，县委王书记好多人来了，我告给说离开这烂房子，去住新房子呀，可是共产党好。王书记说，你给咱讲讲啥好，咋的个好。我就给讲，自来水吃上，不再愁吃水；新房子住上，住的有保障。搬出来以后，村里的房子也都拆了，都种上树了，就留下几间房子给回去的住。我们就是全靠乡政府呢，啥也是乡政府给照管的。他们说来了要打熬（打熬：适应一段时间）呢，我来了也没有打熬。我们老两口都是低保，我还有残疾。也都有养老保险呢，那个片片（一户一档卡片）你认去，那上面啥也有了。我们是易地搬迁给了 50000 块钱，绒山羊合作社年分红每年是 500 块钱，还有农资补贴、粮食直补、农合补贴等。

总书记来宋家沟的时候，我心里挺高兴。总书记在三棵树广场讲话呢，我着急地出去看，大家都拍手欢迎呢。总书记来过以后，有很多人来采访我。我说共产党让住上这新房子，总书记带来了福气。我开了大门、家门，让他们都回来看。国庆节，这宋家沟可红火呢，打花鼓，满街都是人。省委骆书记、县委书记都来，还有部队上的也来过。王书记常来呢，我就认得，我认不得骆书记。骆书记来了就问，搬来好不好。我说好，我就是感谢党，感谢总书记。这一年啦，可变化好了，环境也好，生活也好，现在这就满足了，这就挺幸福了。

脱贫了，好生活了哇，全靠共产党和总书记啦，要不然像我们这样的人家哪能脱贫呢，哪能过上这好生活咧！这两间房子一共是 40 平方米，40 平方米人家算了 50000 元。国家统一给买的炉子、茶几、沙发、窗帘。这冰柜、洗衣机是我买的，电饭锅、精品锅盖是我买的，锅是人家给了的，还有省总工会给了的那暖壶。还给的被子、褥子、枕头，这真的是管好了，人家乡政府也给弄了不少东西，儿女在哇要咋呢？你看，现在我们家里厕所也是冲水的，我个人买的洗厕所的，还有那香水，买了四瓶子、酱油、醋、白面、大米、柴啥的都也放到院子里那个棚子里了，不然乱的。我天天都把家打扫得干干净净，欢迎大家来。

中央台还采访我咧，电视上也放出来了。村里那教书的说："你可会说呢，我还在电视上看见你。"我就是感谢总书记，搬到宋家沟就是不赖。再等几天，天气热了，我也推出去卖雪糕。这两天人不多，再等几天，人家那里修旅游区呀，可要人多呢。

乡政府开始向我们租房呢，我能（行）了，卖上些凉粉、雪糕；不能（行）了，有那老汉也管够。人家给的这又是低保呀、残疾呀，管够生活。要是总书记来了，先让总书记凉凉地吃个雪糕。

总的来说，我就是一个老主意，共产党好。

守护绿水青山

吕如堂，宋家沟乡甘沟村人，2017 年易地搬迁到宋家沟新村。搬来之后，政府安排他做护林工作，成为一名护林员，守护这一方绿水青山。

我原先就在这个宋家沟乡甘沟村，2017 年五六月份搬迁到宋家沟村。我们过去那个村子，老家全是宁武的，只能说是组合村。在宁武穷得活不了，在这里可以种一些地，维持生活。这个村离宁武老家也不远，一翻岭岭，走二三里就是宁武界了。

我是一般贫困户。我和老伴儿是 1987 年结的婚，儿子 2014 年结的婚，2016 年开始分家的。儿子只念了个初中，现在在保德煤矿上打工呢，媳妇和孙子在这边留着。儿子广惠园安置了一套楼房。孙子三岁了，上幼儿园。老伴儿在儿子家住着，平时就是做饭，帮助带孩子。

甘沟村离宋家沟有 25 公里的路，离县城 35 公里。来宋家沟之前，我在村里种着 30 多亩地，这些地都种些山药、大豆，种些胡麻、莜面，我们那地方可以说没啥别的收入。那里就没有平地，都是山地；半坡地全是石头，不能种山顶上。那地还可以，只有

吕如堂的院子和新居

五分平地，能种点山药。

我们村里地多了，一个人平均 12 亩半。种上也没有收成，因为那地方有山猪啦、野兔啦，种上都不够它们吃的，根本看不过来。土地现在是准备流转，准备弄经济林，种些药材，现在乡上在弄这个规划哩。

我们去年就搬到这了，原来在村里住，后来因为村里边没有学校了，孩子要到县城上学，就搬到县城。村里的房子不大，只有两间。人走了以后那两间房也日晒雨淋得没人管，也塌了。搬到这以后，村子里的房子拆了。我进了城以后，主要是打工。什么也干，一般就是搞修路啦、植树啦这些。去年 7 月 20 号，我在城里边瓦房子时，打断三根骨头，不能干活了。老婆去年三四月份做了个手术，也不能干活。

我这房是三间，分的时候是一个人不超过 25 平方米。我和老伴儿两口人，分了两间。我还带了我一个叔伯兄弟，他分了一间。他是个五保户，一生下来就是残疾，没有劳动能力，靠政府保障生活了，看病在县范围内也基本不用花钱。

搬迁户在三棵树广场聊天

　　搬迁安置这都是个人自愿，你想在这安置就在这，想去城里边就去城里。我们村里原来有40多户，安置到宋家沟村的有20多户，有一半哇。其他的，城里头广惠园安置了9户。

　　搬家的时候，都是驻村干部帮助搬的，谁要用车人家给你弄个车车搬咧。搬了一天就搬完了，老家的东西也不值钱，有些东西你就拿了也没放处，就没带到城里。村里现在就剩下一两家养殖的走不了。我家里的地还在那放着呢，回去也是不可能种，种上你也收不上，山猪呀、野兔呀就糟蹋了。

　　搬到这以后，政府给我安排了护林员的工作，一个月能拿到800块钱。基本是每天跑一来回，大概是早上八九点去，下午三四点回来。三四月吧，最关键，有一点儿火星子，林子就着了，可不敢大意。

　　我护林的范围就是咱们村的山，咱要把这绿水青山守护好。

现在咱乡就有 68 个护林员，一个村两三个不等，有了这个工作就等于每个月能有点固定收入。我今天去县城林业局了，发了这个《巡山记录本》。每个月底去那个地方按戳子（按戳子：盖章）、签字哩。山上发生个什么情况，都要有记录。过去是半月按一回戳子、签字，现在是每个月底你去报到、签字、按戳子。我这护林日志，就是相当于每天的工作日记，我们包着片呢。我文化程度不高，就是记录今天去哪了，遇见谁了，有什么问题，怎么解决的。

2018 年 1 月 1 日，从龙王庙阳坡，经中咀上，至大破火沟，发现山上有牛没有发现人，我把牛干（赶）出山。

2018 年 1 月 2 日，从大东沟阳坡，经南湾上，至小东沟，没有发现情况。

2018 年 1 月 3 日，从龙王庙阳坡，经中咀上，至周伍庙，发现周爱明放羊，我和他说，放羊不要吸烟，小心石（失）火。

村子里有一些集体林，那几年卖这个荒山荒坡，又分到个人了。咱村咋说也有二百来亩咧，按组分下去了，没有到户，到户比较麻烦。现在是谁也不能动，不能砍伐，你只有管护权。树啊，大多是些落叶松，有大的，有小的，现在四五米高的树才能用。像果树呀那些经济林不能种，因为我们这边气候太凉，种不成。但山里有蘑菇，采回来可以卖，人家也有卖蘑菇挣了大几千块钱的。

总书记到咱这村以后，就是从我这门前下了车。大家一见总书记都很激动，总书记还和我握手了。总书记就在三棵树广场那儿讲话了，希望大家的生活能够像芝麻开花节节高，让大家和党中央一起，撸起袖子加油干！

搬到这儿比我们老村家里面好住多了，在原来的村子，买东西一般到县城去，周围就没有集市，也没有商店。现在各方面都好，环境整洁了，街道平整了，买东西方便了，起码咱想吃这豆腐，出了这小街咱就买到了。宋家沟有种大棚菜的，新搬过来的种的不多，我们村有四五家种的，种黄瓜、豆角、茄子、辣椒、西红柿，收回来去县城卖，我们去大棚买菜那肯定便宜点。还有种蘑菇的，宋家沟有个合作社，就是种蘑菇。

村里二十多户搬到宋家沟这了，还有几户搬到县城，每个村都有个微信群呢。我们这个群人多，57个人，全是甘沟村在外面打工的。我以前在村子里当过村委会主任，去年到这儿当了村支委，就是宋家沟村的支委。平时就是培训学习，一月开展一次党员活动。

县里边这些领导可是辛苦呢，没黑没白地工作。我也要做好我的这份工作，把林子护好，给咱们县做点贡献。

高希望的新希望

　　搬迁之前的舍窠村是悬在半山腰之上的一个村庄，生存环境非常恶劣。随着国家精准扶贫政策的推进，2018 年 4 月 20 日，最后留守在新舍窠村的 9 户 13 人全部搬了下来，村民的生产、生活环境得到了彻底改变。村民高希望说："党的扶贫政策让我的生活真的有希望喽！"

我叫高希望，阳坪乡舍窠村村民。舍窠村距离县城 40 里，距离阳坪乡 10 里。到底这个村庄有多少年的历史，村里的老年人也不是很清楚。在我印象中，舍窠村一直就很偏僻，还很落后。这是一个悬在半山腰上的村子，进入村庄和走出村庄都是件非常困难的事情。村民的生活和生产都在半山上进行，记者开玩笑把我们叫作"山顶洞人"。我爷爷和我父亲一辈子都是在舍窠村劳动生活，基本上没有走出过这个地方。不过，我们祖上也不是这个村的，我爷爷说过，他不是本地人，是从外省过来的，来的时候就走了很远的路，最后选到舍窠这个地方来定居。来到舍窠后，我奶奶生下了我父亲和我大爹（大爹：大伯）。再后来，我父亲和我大爹各养育了五个儿子。孩子们多了，我们的家族自然也就大了。舍窠村以高姓居多，除此之外，还有白姓和李姓。据说白姓多是兴县过来的，而李姓则是土生土长的岢岚人。

我养育了三个孩子，两个儿子一个闺女。二儿子成家了，给我生了个孙女，现在都念小学了。大儿子今年 37 岁了，但是还没有结婚。大儿子没结婚，是因为舍窠村太偏，我家太穷，没有能力给孩子盖房子，更不用谈什么买楼房了，现在我很着急大儿子的婚事。

舍窠村户籍人口有 66 户 145 人，但实际上常住人口只有 9 户 13 人。最近十来年，村里好多人都搬进县城里面去了。在县城，不仅娃娃们念书方便，而且年轻人也可以找到打工的地方。如今，在村里的这 13 口人基本上都是 65 岁以上的老人。如果不搬迁，再过上几十年，等这些老人们去世了，这个村庄也就自然消亡了。

我 1983 年入党，有 35 年党龄了，也算是老党员了，对于村里的一些情况还是比较了解的。集体化时期，我就是小队长，负责监督生产。1978 年的时候，舍窠村已经开始部分地实行家庭联产承包责任制。1983 年村集体的生产资料进行了彻底的分配，当时我家总共分到了 6 亩地，5 亩梁地，1 亩平地。我在集体化时期就是小队长，所以 1983 年的时候，我就被大家推选为村委会主任，这一干就是 15 年。

90 年代的时候，省里面的一个单位还投资给我们村修建了希望小学，可是到了 2005 年，学生少了，后来就撤点并校了，村里人流失得也就更快了。

2010 年随着岢临（岢岚—临县）高速路的修建，我们也迎来了一个好的发展机遇，舍窠村也开始有了新的变化。首先是修高速路的时候经过了我们村子，要占地，给村民补贴了一笔钱；高管局还给我们补偿了 60 万元的彩钢，这些彩钢主要用于统一修补村民们破旧不堪的石窑洞。

随着岢临高速的开通，舍窠村村民的吃水难问题也逐步得到解决，在此之前我们都是到山底下的河里挑水吃。高速路通了以后，县里帮我们把水管接到了村里面，但是供水时间是固定的。直到去年，我们村修建了一个固定的蓄水池后，人们才可以随时取水了。

不仅能吃到干净的水了，而且取暖的问题也解决了。以前人们为了省钱，取暖或做饭的时候，一般就是进山拾些柴火。近些年，党和政府给人们补贴取暖费，在冬季，村民一般都用炭火取暖了。

去年夏天，我在宋家沟见到了习总书记。当看到总书记从张贵明家里出来的时候，人们纷纷鼓掌，那声音哗哗的，热烈极了，和看党的十九大会议鼓掌时候一样样的。当时，我也是在使劲鼓掌，手都麻了。总书记一边和人们握手，一边向乡亲们问好，我们也说："总书记好！"我和总书记握手的时候，觉得非常厚实、温暖。临走的时候，习总书记给我们讲了几句话，我直到现在都记得清清楚楚。他说，现在党中央就是要带领大家一心一意脱贫致富，让人民生活越过越好，芝麻开花节节高。请乡亲们同党中央一起，撸起袖子加油干！过了几天，我们在电视上也看到了总书记接见群众的场景。习总书记对人民是真的好。从我们内心来说，现场听了总书记的讲话，确实是受到了很大的鼓舞。

这一年，岢岚县扶贫的力度更大了。从 2017 年开始，在山西省国土资源厅驻村工作队的帮扶下，我们村里的十几亩土地被改良成了平地。除了土地改良外，驻村工作队的领导和同志还很关心我们的生活，他们每次来村里，都要给我们带米、面、油等日常生活用品，有时候还会自己掏钱给我们买药。去年过年的时候，还给了我们每户贫困户200元的慰问金。

在工作队的帮扶下，我们村的搬迁工作也展开了。对于村庄的搬迁，大家一致同意，都觉得住在这个村里没有什么出路。首先是从种地上来说，我们这里的土地都是在半山腰，机械农具无法进入，因此舍窠村种地主要还是以传统的人力和牛耕为主。加之难以灌溉，产量也不高，种上十来亩地也仅仅是糊口。其次就是这里的野猪很多，对农作物作害得也很厉害。

野猪野性大，人们也不敢招惹，加之野猪是国家保护动物，我们也不敢打死它，每次都是用鞭炮吓唬跑了就行，但问题是庄稼都被糟蹋了，人们对野猪真是没有办法。除了上面几点原因外，最重要的原因是这几年村里剩下的都是老弱病残了，做什么也不方便。

整村搬迁是顺应民心的一件大事，因此整个过程比较顺利。不过，在征求意见的时候，很多人也有顾虑。有的人不放心，他们想的是，住到城里不种地怎么生活呀！我和他们的想法不一样，我对他们说："共产党让咱住新房子，不就是要让咱过上好日子么。那还能让咱饿死不成？跟上党走，没错。"因此，我是第一个签字的。

在搬迁过程中，主要问题集中在贫困户和非贫困户之间的界限以及补偿标准上。我们村13户中就有9户是贫困户，贫困户占得比例不小。按照政策，贫困户的补偿标准要高一些，有些非贫困户不理解，希望提高补偿标准。但是当初评贫困户的时候，都是按照国家政策严格评出来的，都是大家认可了的。最后经过我们做思想工作，村民也就都接受了。

贫困户每人国家补偿25000元，搬迁住楼房，每个人出的钱不超过3000元，楼房人均不超过25平方米。旧房统一作价，厕所和地窖1处补偿300元，鸡窝1处补偿100元。这种作价方式很专业、很细致，政府给搬迁户的财产定得公公道道，执行起来也就较为容易了。

贫困户和非贫困户的差别在于楼房补偿标准不一样，广惠园的房子如果是贫困户购买，每平方米国家补偿360元；如果是非贫困户购买，每平方米国家补偿的是240元。假如贫困户和非贫困户购买的都是50平方米的房子，对于贫困户来说可以享受的补偿款是18000元；对于非贫困户来说，可以享受的补偿款是12000元。

具体到我家来说情况是这样的，我是贫困户，家里有3口人，因此享受了每人25000元的购房补贴，总共是75000元。除了贫困户的补贴，再加上旧房子以及院里的鸡窝、厕所和地窖等各种补偿，折合起来有50000多元，上面所有的补偿加起来，我总共享受了125000多元的补贴。我选择的是75平方米的房子，我买这个房子花费了75000多元。最终，我住上了崭新的楼房，还剩50000多元。如果要按照商品房的价格，买75平方米的房子，自己咋也得出200000多万块钱。这笔账我算得可清了，住新房不吃亏。

易地移民搬迁这是个大事，咱县里、乡里的干部可是尽力了。去年腊月的时候，天寒地冻的，咱们县里王书记还来我们舍窠村，征求村民的意见。王书记来的时候，我不在家，是老伴儿接待的。当时王书记问："愿意搬迁吗？"我老伴儿说："愿意。"王书记还询问了村里其他人的意见，问我们搬迁还有啥困难。村里人都表态，愿意搬迁。王书记的到来，给村里人吃了一颗定心丸。最后，搬迁这件事就这么定下来了。说实在的，对于移民搬迁，我是一百个赞成。如今共产党的政策这么好，跟着党走，肯定没错。

我们村的搬迁工作是从 2018 年 3 月 27 日开始的，4 月 20 日就完成了搬迁。村民搬迁后，舍窠村的废旧房屋都拆除复垦。同时，还采取了退耕还林以及规模化种植药材等举措，通过这些措施，村民们还可以持续获得一些收入。

舍窠村之所以在这么短的时间里完成搬迁，除了前期动员工作做得细致外，也与搬迁的时候县乡两级和工作队的帮忙有关。搬到城里，要住楼房，空间小了，原来的很多东西也没啥用了。搬家的时候，驻村干部就帮助我把玉茭子和谷子都卖了。家里其他的东西，我舍不得扔了，包括一个写字台、一个床、柜子等。这些东西我就搬出来了。

今年整村搬迁，舍窠村有几个人搬到了阳坪乡，村里和我一样准备进入广惠园的一共是六家。

新房子面积大小不一，大致分为 50 平方米、75 平方米、80 平方米，也就是说，家里不超过 2 个人的能选择 50 平方米，家里是 3 个人的能选择 75 平方米，家里是 4 个人的就是 80 平方米，每户根据各自的情况进行选择。在房屋分配上，县里采取的是抓

高希望夫妇的简单生活

阄的方式，可公平哩。对于我来说，抓住几层就几层吧，最高也不过就是6层，怎么样都比舍窠村的房子强多了。

搬到城里居住，好处挺多。首先是买东西方便了许多。以前在舍窠村的时候，乡里和村里能买的东西很少，要买个东西还得去城里。我们村离城太远，可不方便了，搬到城里居住，甚也能买到。其次在城里居住我也就可以有个能聊天的人了。在舍窠的时候，平时找个能和你说话的人都难，可孤独了。下来这里以后，大家都是搬迁户，不过三五天就都认得了，还经常串门。最后就是我觉得城里晚上很美。我以前在舍窠的时候，一到晚上漆黑一片；到了这里以后，晚上路灯自动就亮了，我看着就觉得挺美的。

最重要的是搬下来以后我的收入也跟着增加了：一方面是国家补助，也就是低保和养老保险。我一年的低保是3000多元，养老保险是1140元，而且这几年补助一直在增加。另一方面的收入是自己打工和种地的钱。这些日子，我在村里的林业合作社种树，这个合作社是我们村委会主任王云林搞起来的。每天早晨

高希望等人坐着车去植树

6点，车把我们拉进山里面挖坑、种树，晚上7点合作社的车就把我们送回来。我和我老伴儿一起去种树，每天能赚200多元。今年，光靠种树，我俩就能收入10000多元，比种地要强很多了。还有一点好处就是合作社从来不拖欠工资。除了种树以外，我也还要回去种我的15亩地。这些地，我准备种红芸豆、玉茭子、谷子。我想的是光靠打工也不行，种地加上打工，手头才能更宽裕点。搬下来后，我儿子做了个护林员的工作，一个月900元，收入也不错了。

总的来说，搬出来以后，我们家的收入增加了很多。我对党和政府的安排十分感激，要想过得更好，就得靠自己奋斗了，再也不能靠国家了，党和政府对我们很好啦，我们也要靠自己的劳动好好生活！要不是党的关心，这住楼房我可是想也不敢想的，真是赶上好时候了。

有了新房子，现在最大的希望就是能给大儿子成个家。他一直没成家，这是我的一块心病。搬进新房子以后，我这个儿子结婚的事情也有了点眉目了。前些年，咱就想也不敢想儿子这婚事，明摆着嘛，咱甚也没甚，谁愿意嫁到这小村村。要是早些进来城，说不定儿子早就成家了。

我还有一个希望哩，那就是把我这身体保养好，好好享受享受共产党给我创造的这好生活，我还要享几天清福哩。

党的扶贫政策让我们全家的命运发生了改变，以前没觉得自己的名字有什么好，"希望"，穷山沟沟里有啥希望？现在想想，觉得爹娘给取的这名字还不赖。因为在党的领导下，我真的看到了希望。从内心来说，我非常感谢党和政府对我们的关怀，这几年来的变化使我深刻体会到，精准扶贫政策对咱老百姓是真的好。不仅仅是解决了咱的经济问题，我儿子将来还要娶媳妇，给我生孙子，精准扶贫政策延续了我家的香火。共产党的扶贫政策让我真的有希望了。

后　记

　　岢岚县地处吕梁山连片深度贫困区，民国三年（1914），岢岚县知事任重在《治岢纪略》中曾发出这样的感慨："岢岚为山西绝无仅有之瘠区，不得与兴、岚、静乐、五台、汾西、保德等三十二县比，查岢岚实'可怜'之语，全省播为歌谣。"可见，岢岚人民的贫苦为全省之冠，岢岚县有"可怜"县的称号为全省独有，由来久矣。自古以来，这里就沟壑纵横，土地贫瘠，生存条件十分恶劣，属于典型的"一方水土养不了一方人"的地方。

　　多年以来，山西大学中国社会史研究中心行龙教授提倡"走向田野与社会"的科研教学理念，积极开展中国乡村社会研究，尤其是集体化时代农村社会研究，关注现实，服务社会。习近平总书记视察岢岚县扶贫工作以后，我们为了深入了解党的十八大以来实施精准扶贫的历史进程、贫困地区乡村社会发生的巨大变迁，同时为了能够尽自己的一分力量，投身脱贫攻坚的伟大实践，萌发了开展扶贫攻坚口述史和乡村历史文化调查的想法。行龙教授、胡英泽教授、李嘎副教授先行前往岢岚县考察调研，2018年胡英泽教授、郭永平副教授带领研究生荆宇阳、赵慧斌、仝慧云、董俊江、宁夏楠、牛鸣昊、董德洲、冯希，多次奔赴岢岚县进行田野调查与口述访谈。在岢岚县，师生一行走村入户，了解民情，倾听民意，先后对 52 位调查对象进行了深度访谈。老师主要负责访谈，同学们主要是现场记录和整理录音，投入了大量工作。在此基础上，撰写了《我们这一年：岢岚县脱贫攻坚典型人物口述史》一稿。令人遗憾的是，由于篇幅所限，最后只选取了 28 位访谈者。我们自知，尽管已经对文中内容进行了反复核实，但是由于涉及的人物众多、事件复杂，难免还会有疏漏之处，恳请读者批评指正。

我们的工作得到了岢岚县委、县政府的大力支持与帮助，在此表示真诚的感谢。当然，最应该感谢的是 28 位被访谈对象，他们几乎毫无保留地将自己的人生历程与经验分享给了我们，他们才是本书的真正作者。

在考察和访谈过程中，我们深深地被奋战在脱贫一线的基层干部的光荣事迹所感动，为岢岚县干部群众绘制的脱贫攻坚新时代画卷所震撼，为全县上下这一年来在习近平总书记考察后体现的充满自信、昂扬向上、只争朝夕、不懈奋斗的精神风貌所鼓舞。

最后，谨以本书调查组全体成员的名义，向长期奋战在岢岚脱贫一线的广大党员干部致以最诚挚的敬意，他们在创造着历史，同时也在书写着历史，是最应该被永远铭记的群体！

胡英泽　郭永平

2018 年 5 月于山西大学鉴知楼